Hamburg – Ammersee

Geschichten, die das Leben schrieb

AF191871

Peter Klement

Hamburg – Ammersee

Geschichten, die das Leben schrieb

Verlag: Books on Demand

Herstellung und Verlag: Books on Demand GmbH Norderstedt
ISBN: 978-3-8370-1183-8

Inhaltsverzeichnis

Vorwort

Wer kennt sie nicht die Leute, die vom Pech geradezu verfolgt werden? Die armen Tröpfe, die jeden Fettnapf nicht nur zielsicher treffen, sondern geradezu ein Bad darin nehmen.

Ist das nur Einbildung oder einfach subjektiv empfundenes Pech? Kann es denn wirklich Zufall sein, dass man in einem vollbesetzten Stadion immer genau die Person ist, die den Ball an den Kopf kriegt? Ich, der Autor dieses Büchleins, bin geradezu ein Beispiel dieser Spezies Mensch.

So möchte ich hier einfach ein paar nette Anekdoten aus meinem Leben schildern, die sicherlich die oben gestellten Fragen eindeutig beantworten werden. Sie haben sich alle so zugetragen, nichts ist hinzugedichtet und sie sollen Sie, den Leser, zum Schmunzeln bringen.

Was aber nicht erreicht werden soll, ist, dass in irgendeiner Form Mitleid für mich empfunden wird. Das wurde mir schon in reichlichem Umfang hierzu nahe gebracht.

Sicherlich wird das eine oder andere Ereignis etwas unglaubwürdig klingen – aber wären es Märchen, so würden sie mit >>Es war einmal beginnen.<<

Da in einigen Kapiteln auch diverse Leute sozusagen ihr Fett abbekommen, habe ich mich entschlossen, in diesem Buch generell auf die Nennung von Namen, und teilweise auch auf die originalen, detaillierten Ortsbezeichnungen, zu verzichten.

Das dient zum einen dem Schutz der betroffenen Personen, zum anderen sei aber auch an den Schutz des Autors gedacht.

Kapitel 1

Hamburg - Ammersee

Folgende Begebenheit trug sich im Jahre 1980 zu.

Es war zu der Zeit, als mein Motorrad noch mein ganzes Glück und mein Fortbewegungsmittel Nummer eins war. Ganz stolz war ich damals auf meine 1978 neu erworbene Maschine, vom Typ Honda CB750 F2. Keine noch so schlechte Wetterlage konnte mich davon abhalten, mich auf meine Maschine zu schwingen und von A nach B zu brausen. Selbst die Insel Isle of Man, welche ich schon im Jahre 1979 damit besuchte, zählte zu meinen Reisezielen.

Es war zu jener Zeit, in der ich mir persönlich zum Ziel gesetzt hatte, jedes Jahr etwas für meine kulturelle Weiterbildung zu tun und im Rahmen einer verlängerten Wochenendtour eine Großstadt innerhalb Deutschlands zu besuchen. Ein bisschen Kultur schadet ja nie, das hörte man schon in der Schule. Nicht dass ich da etwa Nachholbedarf gehabt hätte, aber man kann immer etwas dazulernen.

Da wurden dann im Schnelldurchgang die komplette Museenpalette, der Zoo und andere Sehenswürdigkeiten der jeweiligen Stadt abgegrast. Was ich mir allerdings regelmäßig aussparte, waren die Kirchen. Ich bin der Meinung, wenn man in einer Gegend eine gesehen hat, hat man alle gesehen. Das trifft im Übrigen, was das Angebot an Kirchen angeht, auf jede Stadt zu.

Aufgrund meiner perfekten motorisierten Ausstattung hatte ich mir in jenem Jahr Hamburg als Reiseziel ausgewählt. Denn mit diesem heißen Ofen unterm Hintern durfte es ruhig ein bisschen weiter sein. Bei strahlendem Sonnenschein startete ich, ein Zelt und die sonstigen notwendigen Campingartikel im Gepäck, von zu Hause aus gen Hamburg. Geplant war, dass ich mich ein paar Tage später, kulturell wieder etwas gereifter, mit ein paar Bekannten am Ammersee zu einem weiteren Campingurlaub treffen sollte. Darauf freute ich mich schon zu Beginn meiner Reise – oder soll ich besser sagen, meiner qualvollen Odyssee?

Die Zeit in Hamburg wurde, wie bereits erwähnt, mit kulturellem Programm voll gestopft, ja fast sogar etwas überladen. Es ist schon erstaunlich, was man im Schnelldurchlauf an ein paar Tagen so alles schafft, kulturell in sich hinein zu saugen. Angefangen vom Tierpark Hagenbeck bis hin zum Hamburger Dom – es war eine Zeitreise im Eiltempo.

Schon am zweiten Tag fieberte ich der bevorstehenden Abreise entgegen, welche mich letztendlich nach Utting an den Ammersee führen sollte. Ein seltsames Gefühl aufkeimender Hektik, ein Gemisch aus Reisekrankheit und ein Grundpegel immer vorhan-

6

dener Nervosität begleiteten mich schon seit jeher auf allen meinen Reisen.

Dies ist ein Gefühl, welches mir wahrlich nicht fremd war, und bis zum heutigen Tage erhalten geblieben ist. Und so machte ich mir keinerlei Gedanken als dieses Gefühl wieder mal in mir hochkeimte. Oder hatte ich da schon die ersten außerirdischen Vorahnungen für was anderes, auch Pech genannt, ignoriert?

Noch dachte ich an nichts Böses, als ich bei leicht nieselndem Regen am geplanten Abreisetag in Hamburg mein Zelt abbaute und auf meinem Gepäckträger verstaute. Diese kleine Wolke, die hier ein paar Tröpfchen verlor, würde mich auf keinen Fall ernsthaft an meinen Reiseplänen hindern – außerdem sah es am Horizont bereits wieder recht hell aus.

Frohen Mutes suchte ich, nachdem ich meine Campingplatzgebühr bezahlt hatte, eine Telefonzelle auf, um mir den genauen Aufenthaltsort der Bekannten am Ammersee zu erfragen. Bis dahin klappte noch alles wie geplant und erhofft. Utting lautete mein Ziel, das ich auf meinem heißen Ofen anzuvisieren hatte. Die paar hundert Kilometer Autobahn dürften in ein paar Stunden zu schaffen sein.

Ein Blick auf die korrekt gefaltete Straßenkarte zeigte mir – alles kein Problem. Na ja, so interpretierte ich zumindest den ersichtlichen Karteninhalt. Vielleicht hätte ich eine Karte mit einem etwas kleineren Maßstab verwenden sollen. Bei meiner war nämlich am oberen Rand Hammerfest und am unteren Ende Palermo sichtbar. Mir als Vielfahrer, zumal noch mit einem durchaus ordentlichen Orientierungsvermögen ausgestattet, musste diese Information jedoch genügen. Eines war auf jeden Fall gebongt - das bisschen Nieselregen wird sich spätestens außerhalb von Hamburg für mich erledigt haben. Diesen Eindruck hatte ich nach ein paar weiteren optimistischen und prüfenden Blicken in sämtliche Himmelsrichtungen.

Wo kämen wir denn hin, wenn so ein kleines Wölkchen mich, Peter Klement, in irgendeiner Weise groß beeindrucken würde. Außerdem hatte ich meinen Bekannten versprochen, zu kommen. Und ein Versprechen ist ein Versprechen – das bedeutet mir viel.

Da mir außerdem Pünktlichkeit seit jeher ein großes Anliegen ist, schaute ich auch, dass ich schnellstmöglich losfuhr. Vielleicht war das auch der Grund, vorerst mal auf das Überziehen des Regenkombis zu verzichten. Auf jeden Fall war es der erste kleine Fehler an diesem Tag.

Recht schnell erreichte ich mit meiner Honda die Autobahn und machte mich auf gen Süden. Es war noch früh am Tag. Da ja nur der frühe Vogel den Wurm fängt, hatte ich meine Abfahrtszeit auf spätestens neun Uhr festgelegt. Dies war so ziemlich das Einzige, was an diesem Tag klappen sollte. Immer wieder rechnete ich in Gedanken meine voraussichtliche Ankunftszeit in Utting aus. Alle Ergebnisse beruhigten mich zutiefst. Ich hatte bei all meinen Rechenaufgaben ein derart großes Zeitpolster errechnet, dass ich mir über Notpläne oder ähnliches keine Gedanken machte. Es hatte aufgehört zu nieseln und herrlicher Sonnenschein begleitete mich – gute Voraussetzungen für eine ausgesprochen angenehme Stimmung. Die nächste kleine dunkle Wolke vor mir nahm ich nur so nebenbei aus dem begrenzten Sichtfenster meines Helmvisiers wahr.

Ich weiß es heute nicht mehr ganz genau, da die Erinnerung im Laufe der Zeit leider etwas verblasst - aber wahrscheinlich hätte damals, vor Antritt meiner Reise, ein Blick in das Horoskop einer Tageszeitung nichts Gutes für mein Sternzeichen verheißen. Aus dem kleinen dunklen Wölkchen wurde schnell eine große schwarze Wolke. Noch konnte mir diese Tatsache meine gute Stimmung nicht vermiesen. Ich hatte einen dicken Lederkombi, welcher Regen in kleinerem Masse trotzen würde, an und für einen eventuellen, aber nicht zu erwartenden Dauerregen, ja immer noch meinen Regenkombi im Gepäck.

Was konnte mir also schon passieren? Schließlich bin ich beileibe kein Weichei und hatte schon ganz andere Touren hinter mich gebracht.

Nach allerdings einer halben Stunde hatte dieses kleine dunkle Wölkchen sich zu einer großen Gewitterfront gemausert und es begann recht ordentlich zu gießen. Von Natur aus etwas faul, aber andererseits stets optimistisch veranlagt, entschloss ich mich, etwas mehr Gas zu geben und der Front einfach davonzubrausen. Der Regenkombi blieb im Koffer – hätte ja auch nur unnötig Zeit gekostet und mich zu neuen Berechnungen meiner Ankunftszeit gezwungen. Meine Stimmung war immer noch äußerst gut. Die einzigen Gedanken, die ich mir bis dato machte, waren recht einfacher Art. Wann gibt's das erste Bier und das erste Schnitzel am Ammersee?

Irgendwie hatte der Wettergott wohl etwas dagegen, mir diesen Wunsch in Bälde zu erfüllen. Um es kurz zu machen, nach gut einer Stunde brachen wahre Sturzbäche von oben auf mich herab. Das Fahren auf der Autobahn wurde immer mehr zur Aquaplaningtour. Selbst größere Pkws fuhren maximal 70 km/h.

Meine Stimmung wurde etwas mieser und ich steuerte den nächstmöglichen Rasthof an. Also gut, lieber Wettergott, so dachte ich, tobe Dich eben ein paar Minuten aus und lass mich dann in Ruhe weiterfahren. Wie konnte es anders sein, der letzte Rasthof lag erst gut 5 km hinter mir und bis zum nächsten waren es noch gut 30 km. Dort endlich angekommen, warf ich mir, wobei ich schon merkte, dass mein Lederkombi sich leicht mit Wasser voll gesogen hatte, den Regenkombi über. Jetzt konnte nichts mehr passieren. Mit wieder leicht verbesserter Laune reihte ich mich in die Schlange der „Motorboote" auf der Autobahn ein. Und es regnete ohne

Unterbrechung weiter, immer heftiger und auch der Wind wurde zunehmend böiger.

Was ab nun folgte, muss ich, heute betrachtet, als wahre Martertour bezeichnen. Der Regenkombi war ein doch recht teures Stück, was angeblich mindestens sechs Stunden absolut dicht halten sollte. Diese Worte des Verkäufers fielen mir spontan wieder ein. Ein aufkommendes Hungergefühl, sowie ein biologisches Bedürfnis waren die Ursache dafür, dass ich wiederum den nächstmöglichen Rasthof anfahren musste.

Als ich auf der Toilette merkte, dass die Sechsstundenregel wohl bei meinem Kombi nicht ganz zu ziehen schien, schwante mir schon Fürchterliches. Die erste durchdringende Feuchtigkeit war auf der Haut schon zu spüren. Also – schnell aufs Motorrad und ab nach Utting, die letzten 600 km werden schon irgendwie vergehen. Was allerdings folgte, waren Kilometer des Grauens. Die immer spürbarere Feuchtigkeit auf der Haut und in meinen Stiefeln zwangen mich ab jetzt, jeden kommenden Rasthof anzufahren und immer wieder das gleiche Prozedere zu veranstalten. Bei den Stopps auf den ersten Rasthöfen hatte ich noch frische Socken angezogen, welche ich mit klammen Fingern aus meinem Tankrucksack mühsam heraus kramte. Allerdings war der Bestand an frischen, trockenen Socken recht schnell erschöpft. So musste mir mein Erfindungsreichtum zu Hilfe kommen. An jedem Rasthof ist ja bekanntlich der Tankstellenbereich überdacht. So habe ich dort einfach meine Socken ausgezogen und sie auf den Motorblock zum Trocknen gelegt. Die Sturmhaube bekam ein warmes Plätzchen auf dem Auspuff. Na ja, der eine oder andere Autofahrer hatte wenigstens einen mitleidigen Spruch für mich übrig, andere wiederum fühlten sich angesichts meiner nackten Füße doch etwas gestört.

Die Lage wurde immer schlimmer für mich und meine Laune war längst im Keller. Was ich noch nicht ahnte, war die Tatsache, dass dieser Keller noch ein paar tiefer gelegene Ebenen haben sollte – speziell für mich.

Etwa 400 km entfernt vor München war meine Laune auf gefühlten minus 30 Grad. Das lag unter anderem auch an den wahrgenommenen Eindrücken um mich herum. Es stimmt einen nicht gerade froh, wenn man bis auf die Knochen durchnässt ist und einen großen BMW überholt, dessen Fahrer gemütlich im weißen Hemd so mit 80 km/h dahin fährt und noch ein freches Grinsen für einen übrig hat. Ich gebe zu, dass die Eindrücke meines Reiseumfeldes zu diesem Zeitpunkt möglicherweise nicht ganz objektiv waren. Mir gingen auf jeden Fall zu diesem Zeitpunkt ernsthaft so Gedanken wie:

>>Jetzt in den Graben rutschen und in einem warmen Krankenhausbett aufwachen<< durch den Kopf. Das ist kein Scherz, solche Gedanken beschäftigten mich wirklich. Natürlich fragt sich sicher jetzt der

Leser, warum der Depp nicht einfach die nächste Pension ansteuerte und dort einfach übernachtete. Das frage ich mich heute übrigens auch. Hätte ich dies getan, so hätte ich ja die folgenden Erlebnisse nicht gehabt und es hätte als Folge kein Buch darüber gegeben. Wir erinnern uns – es sollte ja noch schlimmer für mich kommen. Bei meiner nächsten angesteuerten Raststätte wollte ich aus meinem Koffer trockene Unterwäsche holen, da ein Wechsel von dieser angesagt war. So fuhr ich, wie bereits eingeübt, zum Tankstellenbereich und öffnete den Koffer (eigentlich waren es ja zwei). Leider Gottes halten diese teuren Koffer auch nicht ewig dicht. Schön, auch diese Erfahrung an jenem Tage gemacht haben zu dürfen. Als ich den ersten Koffer öffnete, lief schon das Wasser heraus. Somit hatte ich auch kein einziges trockenes Stück Kleidung mehr. Na ja, macht nichts, geh ich halt was essen, dachte ich mir. Aus allen Poren triefend, begab ich mich zum Restaurant im Rasthof, um wenigstens etwas Warmes in den Magen zu bekommen. Ich traute meinen Ohren nicht, als mir der nette Wirt erklärte, dass ich mit meinen durchnässten Dreckstiefeln so nicht ins Lokal rein käme. Ich möge diese doch bitte ausziehen, dann sei ich in seinem Lokal herzlich willkommen.

>>Blöder Affe<<, dachte ich mir.

Wenn ich meine Schuhe ausgezogen hätte, hätte er sicherlich meine durchnässten Socken bemängelt. Das war es dann gewesen, mit dem Schnitzel und dem Tee, den ich so dringend zum Aufwärmen benötigt hätte.

Sauer, nass, hungrig, ja richtig depressiv schlich ich mich von Dannen. Die schlappen 350 Kilometer schaffe ich auch ohne ein Schnitzel von diesem Idioten. Vielleicht hätte ich doch einen der vielen Aufenthalte an den Raststätten nutzen sollen, um mir eine Tageszeitung mit Horoskop zu kaufen. Vermutlich wäre dann einiges anders gelaufen. Ich hatte es nicht getan, also ist es jetzt auch müßig, darüber zu sinnieren. So schwang im mich auf mein Motorrad und peilte weiterhin den Ammersee an. Na ja, ein Schwingen auf das Motorrad war es zu diesem Zeitpunkt nicht mehr; eher schon ein gequältes Besteigen.

Irgendwie kamen mir doch Zweifel an meiner Taktik auf. Brachte es wirklich was, an jedem Rasthof wertvolle Zeit mit dem Trocknen von Socken zu verplempern? Das kostet doch eh nur Zeit und bringt mir, objektiv betrachtet, auch nicht gerade die gewünschte Erholung.

Der eigentliche Erfolg des Sockentrocknens auf dem Motorblock lag darin, dass die Socken zwar nicht trocken aber wenigstens warm waren.

Zum Heulen war mir zu Mute – aber Helden weinen ja nicht. Nicht einmal dies war mir also vergönnt. Immer wieder redete ich mir ein, dass mein Martyrium bald ein Ende hätte. Immer und immer wieder rechnete ich die Restdistanz bis Utting anhand der Verkehrsschilder auf der Autobahn aus. Wie viel Zeit brauchte ich, bis ich endlich dieses kleine Kaff am Ammersee erreicht hatte? Nur mühsam konnte ich meinen aufkeimenden Groll gegen alles, was nichts für meine derzeitige Situation konnte, unterdrücken.

So ergab ich mich in mein Schicksal und hoffte insgeheim, dass ich Schweiß gebadet aus dem Schlaf hochschrecken würde und alles nur geträumt hätte. Leider war mir dieser Alptraum nicht vergönnt.

Deutschlands Autobahnnetz ist ja schon immer sehr gut ausgebaut gewesen. Man kann fast in jede Gegend, oder zumindest in die Nähe jeder größeren Stadt, über unser Autobahnnetz gelangen. Dieser Komfort verlangt natürlich vom Verkehrsteilnehmer, dass er hin und wieder die gerade befahrene, lieb gewonnene Autobahn verlassen, bzw. wechseln muss, um auf dem schnellstmöglichen Weg an sein Ziel zu gelangen. Auch ich erreichte einen solchen, für mich doch sehr wichtigen Knotenpunkt. Gott sei Dank, gab es vor der Abzweigung wieder eine Raststätte, die ich flugs aufsuchte.

Meine Stimmung begann sich wieder etwas zu heben, denn der Ammersee war für mich doch schon irgendwie zum Riechen nahe. Oder war das nur der Geruch, der von einem völlig durchnässten Motorradfahrer nach mittlerweile acht Stunden Regenfahrt ausging? Der Regen hatte zwar mittlerweile aufgehört, aber der Hunger machte mich wahnsinnig. In dem Lokal des Rasthofes wurde ich höflich bedient und gut verköstigt. Meine Socken nahmen auf dem Motorblock im Ansatz so etwas wie Trockenheit an – das Schlimmste schien jetzt überstanden. Das beklemmende Gefühl, dass das stehende Wasser in meinem Kombi hervorrief, blieb allerdings.

Um mir das Tüfteln über meiner Straßenkarte zu ersparen, fragte ich im Rasthof noch kurz vor der Weiterfahrt, welche Abzweigung ich jetzt Richtung Landsberg nehmen müsse. Von den überaus netten Bediensteten erhielt ich die gewünschte Antwort. Jetzt konnte doch wirklich nichts mehr schief gehen. Ich will nicht sagen, dass ich alle an diesem Tag erlebten Eindrücke als gar nicht mehr so schlimm einstufte, aber mein Stimmungsbarometer zeigte doch steil nach oben.

Was mir bis heute ein Rätsel blieb, ist die Frage, ob wir, meine Wenigkeit, sowie die Bediensteten des Lokals, aufgrund sprachlicher Unterschiede nicht ganz zueinander kamen, oder ob ich vielleicht meine Frage falsch formuliert hatte. Jedenfalls hatte man mir, statt richtigerweise den Weg Richtung Landsberg, den Weg Richtung Landshut genannt. Gott sei Dank, habe ich diesen Irrtum schon nach circa 75 Kilometern bemerkt; macht in der Summe der unnötig gefahrenen Kilometer ja nur 150, denn ich musste ja den ganzen Weg wieder zurück!

Nicht nur die aufkommende Dämmerung, mit dem damit verbundenen Temperaturabfall, verdüs-

16

terte die gesamte Situation. Aufgrund meiner doch manchmal sehr direkten, schnell zum Kern kommenden Art einer Diskussionsführung, verzichtete ich auf einen erneuten Stopp in der Raststätte dieser Ahnungslosen. Die Gedanken, die mir damals durch den Kopf gegangen sind, möchte ich schriftlich nicht festhalten.

Der Umweg hatte natürlich zur Folge, dass mein Zeitplan jetzt völlig aus dem Ruder lief. Die anfangs vereinbarte Ankunftszeit bei meinen Bekannten war eh geknickt. Handys gab es damals noch nicht und somit war mir eine spontane Kontaktaufnahme mit ihnen nicht möglich.

Aber – wenn der Peter Klement sagt, dass er heute kommt, dann kommt er auch. Basta!

Letztendlich habe ich es dann doch noch geschafft, an diesem Samstag den Campingplatz in Utting zu erreichen. Leider war es nach 22 Uhr und die Einfahrt des Platzes war geschlossen. Meine Bekannten hatten nicht mehr mit mir gerechnet und somit auch nicht weiter nach mir Ausschau gehalten. Flugs schob ich mein Motorrad an den Begrenzungszaun außerhalb des Campingplatzes, schaltete das Licht ein und leuchtete halbkreisförmig den Platz ab. Man hat ja Gott sei Dank nicht nur Pech im Leben – ab und an lacht einem auch mal das Glück entgegen. Ein Bekannter bemerkte das Licht und schaute nach der Ursache. Das war damals meine Rettung. Gemeinsam schoben wir mein Motorrad an der Schranke vorbei auf den Campingplatz. Natürlich gab es ein großes Hallo, dass ich es doch noch geschafft hatte. Das waren die ersten aufmunternden Worte an diesem Tag, die ich vernahm.

Für die erste Nacht war klar, dass ich in einem anderen Zelt und in geliehenen Klamotten übernachten würde. Ich hatte wirklich nichts Trockenes mehr in meinem Gepäck – absolut nichts.

Auf jeden Fall musste ich schnellstmöglich aus meinen nassen Kombis, um mir nicht noch eine Erkältung einzufangen. Wenigstens blieb mir diese dann in der Folgezeit erspart.

Kurzerhand zog ich mich mitten auf dem Campingplatz splitternackt aus. Rücksicht auf andere konnte und wollte ich heute nicht mehr nehmen. Was jetzt zum Vorschein kam, machte mich auch nicht wirklich glücklicher. Aufgrund der starken Nässe hatte sich mein Lederkombi am ganzen Körper auf der Haut abgefärbt! Na ja, glücklicherweise hatte ich ja einen Lederkombi in einer unauffälligen Farbe - schön grell giftgrün mit schwarzer Schrift.

Wenn ich heute noch an diesen Tag zurück denke, bekomme ich sofort feuchte Füße – und ich weiß absolut nicht warum.

Kapitel 2

Der Reisepass

Dass Deutschland ein Land der Bürokraten und Gebühren ist, dürfte jedem bekannt sein. Wer hat sie nicht schon erlebt, die lästigen Behördengänge, das zeitraubende Anstehen für ein Formular, einen Pass oder eine einfache Kfz-Zulassung.

Es ist sicherlich ein nicht zu unterschätzender Vorteil, wenn wieder mal so ein Gang nach Canossa ansteht, dass man schon im Vorfeld das Sonntagslächeln vor dem Spiegel übt, damit auch ja ein guter Eindruck beim deutschen Standardbeamten erweckt wird. Mir sind seit jeher solche Gänge stets ein Graus gewesen und sie sind es bis zum heutigen Tag immer noch geblieben. Entweder fehlt dann vor Ort irgendein Formular oder irgendetwas anderes passt einem unserer diensteifrigen Staats- und Verwaltungsdiener nicht.

Auf jeden Fall ist es wichtig, stets in diesen Situationen die Ruhe zu bewahren und die Sachlichkeit nicht zu verlieren. Was natürlich aus einem nur etwas nervenaufreibenden Gang, ein echtes Waterloo werden lässt, ist zum Beispiel die Tatsache, dass einer der Beteiligten – Behördengänger oder Dienstleistender – einen leichten Hang zu cholerischen Überreaktionen hat. Die sind in der Regel meistens zwar ungewollt, und nur in Ausnahmefällen vorher geplant. Ganz schlimm ist es jedoch, wenn zwei solcher Choleriker aufeinander treffen und dann beide vielleicht auch noch einen schlechten Tag erwischt haben.

Ich hatte das leidliche Pech, dass all diese negativen Voraussetzungen an jenem Julitag im Jahre 1991 bei einem meiner Behördengänge gegeben waren. Dieser Tag hat sich bis heute unauslöschlich in mein Gedächtnis eingeprägt. Doch will ich nun vorn beginnen, woran ich mich bis heute kann besinnen.

Die Tatsache, dass meine Schwester Anfang der achtziger Jahre in die Vereinigten Staaten von Amerika ausgewandert ist, war für mich regelmäßig ein willkommener Anlass, das Land der unbegrenzten Möglichkeiten als Tourist zu besuchen. Mitte der achtziger Jahre war es ja noch, aufgrund der damaligen Visumpflicht, etwas problematischer als heute, die USA zu bereisen. Stundenlang musste man sich vor dem Konsulat anstellen, bevor man quasi sein Innerstes nach außen kehren durfte, um dann gnadenhalber ein Besuchsvisum zu erhalten.

Dies war mir in den Jahren davor regelmäßig gelungen, was mich allerdings jeweils im Vorfeld einige Nerven gekostet hatte. Schon beim zweiten Mal wurde mir ein Einreisevisum auf Lebenszeit in meinem Reisepass eingetragen. So verliefen dann meine ersten drei Amerikareisen jeweils ohne größere Probleme. Bis dann im Jahre 1991 mein Reisepass abgelaufen war und ich mir – natürlich wieder auf den letzten Drücker – einen neuen beantragen musste, wohl wissend, dass mein Visum nicht vom alten in den neuen Pass übertragen wird, und ich genau deswegen den alten Pass für meine künftigen Reisen weiter benötigen würde. Somit ging ich, die eh schon engen Öffnungszeiten unseres Rathauses im Blickfeld, eines morgens auf dieses und beantragte das neue Dokument.

Die nette, freundliche Art der Beamtin oder öffentlichen Angestellten, was sie genau war, weiß ich nicht mehr, entsprach exakt meinen Vorstellungen und Erwartungen und vor allem meinen Vorurteilen gegenüber diesem Berufszweig. Etwas unterkühlt mühten wir uns gemeinsam durch das komplizierte Formular der Passbeantragung. Nach getaner Arbeit haben wir uns, nachdem ich noch erfuhr, dass der neue Reisepass Donnerstag in acht Tagen (nicht vorher) abholbereit wäre, höflich voneinander verabschiedet.

So gingen dann die nächsten Tage ins Land und der lang ersehnte Donnerstag kam. Um endlich an mein neues Dokument zu kommen, habe ich sogar im Büro etwas früher Schluss gemacht. Schließlich ist es von Stuttgart bis zu mir nach Hause gut eine halbe Stunde zu fahren. Und die Öffnungszeiten in derartigen Institutionen sind ja auch nicht gerade kundenfreundlich ausgelegt! Rechtzeitig erreichte ich das Rathaus und parkte meinen Wagen auf einem der

Parkplätze unmittelbar davor. Mit schnellen Schritten und durchaus gut gelaunt, eilte ich zur Eingangstür – noch nicht ahnend, was für ein Fiasko mich dort erwarten sollte. Wie immer, wenn man es eilig hat, sind vor einem jede Menge Menschen in der Schlange. So stellte ich mich brav an und wartete bis ich zum Zuge kam. Recht bald erkannte ich, dass die „nette" Dame von letzter Woche wieder ihren Dienst versah und sich ein bisschen herablassend mit ihrer Kundschaft auseinandersetzte.

Nach ewig langen Minuten war ich dann an der Reihe. Höflich trug ich ihr mein Anliegen, dass ich meinen neuen Reisepass abholen möchte, vor und wähnte mich schon in zehn Minuten zu Hause. Flugs – mit einem für Beamte durchaus unüblichen Tempo und Arbeitseifer – eilte sie an einen Aktenschrank am anderen Ende des Büros, holte das gewünschte Dokument heraus und übergab es mir mit der Frage:

>>Haben Sie schon gezahlt?<<

Mit einer gewissen Erleichterung, endlich hatte ich den ersehnten Reisepass, begleitete folgender Satz von mir die Entgegennahme des neuen Dokumentes:

>>Ja - und der alte Reisepass?<<

Danach nahm das Drama seinen Lauf, bzw. bekam die ganze Situation eine gewisse Eigendynamik.

>>Haben wir nicht! << war die prompte, patzige Antwort.

>>Das kann überhaupt nicht sein, den habe ich letzte Woche hier abgegeben.<<

>>Das ist ausgeschlossen! Wir nehmen nie alte Pässe entgegen, wenn wir neue ausstellen.<<

Ich weiß nicht, wie hoch damals zu diesem Zeitpunkt mein Blutdruck war. Diese reife, verkaterte Mamsell wollte mich wohl auf den Arm nehmen. Auf jeden Fall brachte ich jetzt nochmals deutlich herüber, dass ich letzte Woche meinen alten Reisepass hier abgegeben hatte.

Vehement wurde dies von ihr verneint. Sogleich nahm sie eine gewisse Drohhaltung ein, was mir zeigte, dass sie nicht gewillt war, als zweite Siegerin aus unserem Disput hervor zu gehen. Für mich war auch klar, dass ich ebenfalls Gold und nicht Silber in diesem Kampf gewinnen wollte. So schaukelte sich die Situation sehr schnell sehr hoch.

In der zweiten Stufe wurde die Sachlichkeit schon etwas gegen Zynismus ausgewechselt. Ich verlangte von ihr, sie solle gefälligst nochmals nachsehen, ob nicht vielleicht doch mein alter Reisepass irgendwo zwischen ein paar verstaubten Akten schlummern könnte. Äußerst widerwillig, mit einem Blick der wirklich hätte töten können, kam sie meiner Aufforderung nach. Bei mir keimten derweil erste Angstgefühle, jetzt kein Visum für meine kurz bevorstehende USA-Reise zu haben, auf. Eine Neubeantragung war, aufgrund der zeitlichen Gegebenheit, nicht mehr möglich – zumal ein Visum dieser Art nur einmal ausgestellt wird. Schöne Scheiße – und dieses Weib hatte mir das eingebrockt!

Alles Suchen half leider nichts. Mein alter Reisepass blieb verschollen. Jetzt wurden beiderseits die finalen Geschütze aufgefahren. In doch schon durchaus lautem Ton machte ich mein Gegenüber darauf aufmerksam, was für eine Bedeutung dieser alte Reisepass für mich hätte. Gleichzeitig drohte ich mit rechtlichen Konsequenzen, ohne deren Aussicht auf Erfolg auch nur erahnen zu können, geschweige denn zu wissen.

Man konnte die Situation durchaus als verfahren betrachten und die Fronten beiderseits waren verhärtet. Ich blieb einfach stur wie ein kleines Kind, das zornig auf den Boden stampft, wenn es seinen Willen nicht durchsetzen kann. Nur konnte dieses Verhalten ja meinen alten Reisepass letztendlich auch nicht wieder herzaubern. Ich begriff langsam, dass ich in dieser Situation, vom Ergebnis her betrachtet, nicht unbedingt die besten Karten zu haben schien.

Schlussendlich bot sie mir an, ich solle einfach ein neues Visum beantragen. Die Kosten würde die Stadt übernehmen. Ja hat sie mir denn nicht zugehört? An der Lautstärke kann es sicherlich nicht gelegen haben. Ich kann so ein Visum nicht noch einmal beantragen. Mein Puls war jenseits der 200, dessen war ich mir sicher. Wutentbrannt schrie ich: »Das ist ein Scheißladen hier. Sie werden noch von mir hören!« und verließ mit einem nicht gerade unspektakulären Auftritt das Rathaus. Mir war bewusst, dass ich mich in meinem ganzen Leben selten so habe gehen lassen. Zu meiner Verteidigung muss ich allerdings sagen, dass wir uns gegenseitig in punkto Lautstärke und Unsachlichkeit nichts geschenkt hatten. Gleichwertige Gegner halt! Auf direktem Weg peilte ich mein Auto an, in welches ich ziemlich aufgebracht einstieg. In mir kochte unendliche Wut hoch, dass ein paar Staatsdeppen (der Begriff möge mir verziehen werden, dass war damals mein Empfinden) mich noch um meinen verdienten USA-Urlaub bringen würden.

Der erste Griff ging zum Handschuhfach, um meine kleine Tasche hervorzukramen, in der alle wichtigen Dokumente verstaut waren. Ich öffnete das Täschchen und wäre fast tot umgefallen. Was erblickten meine trüben Augen – meinen alten Reisepass! Dass ich mich so getäuscht hatte - ich konnte es einfach nicht begreifen! Dass mir jemand während unseres Disputes heimlich das Ding ins Auto geschmuggelt hatte, konnte ich wohl ausschließen.

Ich glaube, ein Schluck uralter schimmliger Milch oder ähnliches hätte es auch nicht schneller geschafft, in meinem Magen dieses plötzliche, doch sehr flaue Gefühl hervorzurufen. Schlecht war mir ohne Ende, der kalte Schweiß rann von meiner Stirn und ich hätte mich am liebsten übergeben. Ich muss es in dieser Deutlichkeit so sagen - ich fühlte mich ein bisschen wie ein Schwein -.

Was tun, um aus dieser megapeinlichen Situation halbwegs ordentlich herauszukommen? Einfach reingehen und die Sache entschuldigender Weise klarstellen? Den Mut hatte ich nicht, wobei ich auch das mögliche Risiko, die Sache nicht zu überleben, mit berücksichtigte. Ich dachte, das Gefühl in meinem Magen wäre durch Nichts mehr zu toppen.

Doch weit gefehlt. Mir fiel siedendheiß ein, dass ich ja zusammen mit der netten Dame eine Verlustmeldung des alten Reispasses für die Polizei ausgefüllt hatte. Ich musste also das Ganze stoppen, bevor die Verlustmeldung an die Polizei weitergegeben wurde oder ich war gezwungen, den alten Reisepass wirklich verschwinden lassen, was natürlich zur Folge gehabt hätte, dass ich kein Visum mehr besaß.

Oh du schlimme Welt, warum bist Du so grausam zu mir? Solche Gedanken rasten durch meinen Kopf, der mittlerweile mehr Wasser außen als innen hatte.

Da kam mir der rettende Gedanke! Ich gehe einfach heute noch zu einem anderen Rathaus unserer Stadt. Das ist doch endlich mal von Vorteil, wenn mehrere kleine Dörfer im Rahmen einer Reform zwar zusammengefasst werden, aber dennoch einen gewissen Teil der Eigenverwaltung beibehalten haben und ihre Rathäuser weiter betrieben.

Also – schnell ins Auto und ab nach Kleindorf gedüst. Das Rathaus hatte noch geöffnet und ich eilte in den ersten Stock in das entsprechende Büro.

Mit einem Grinsen im Gesicht, das sicherlich jedem Gebrauchtwagenhändler Konkurrenz gemacht hätte, erklärte ich der netten Dame mein Anliegen.

Um nicht zuviel Zeit zu verlieren, sparte ich ein paar Passagen, speziell die der langwierigen Diskussion inklusive der sachlichen Argumente in Großdorf, aus. Man könnte auch sagen, ich verharmloste die Sache etwas. Warum sollte ich die nette Dame auch mit meinem vergangenen Problem belasten. Das war nun wirklich nicht nötig! Ich erzählte ihr lediglich, dass mein in Großdorf verlustig gemeldeter Pass wieder aufgetaucht sei.

>>Ich bin zufällig hier in Kleindorf, da ich meine Eltern besucht habe. Da dachte ich mir, ich kann doch gleich meinen Passfund hier melden. Dann müsste ich nicht extra noch Großdorf brausen, was zeitlich auch nicht mehr zu schaffen wäre<< flötete ich über ihren Schreibtisch.

Was dann kam, war eigentlich für einen normal belastbaren Magen zuviel – dennoch beherrschte ich mich. Der Satz den ich von der netten Dame hörte, habe ich bis heute nicht vergessen. Er ging mir damals durch Mark und Bein:

>>Nehmen Sie doch kurz Platz. Rufen wir die Kollegin in Großdorf doch am besten gleich an und bringen die Sache ins Reine.<< Flucht war zum jetzigen Zeitpunkt zwecklos, zumal sie ja meinen alten Reisepass in ihren Händen hielt. Und wie wir wissen, brauchte ich den unbedingt.

Wie in Trance nahm ich Platz. Die folgenden Sekunden kamen mir wie Stunden vor. Mit einer Eselsruhe wählte die nette Dame die Nummer ihrer

Großdorfer Kollegin. Fürchterlichste Horrorszenarien gingen durch meinen Kopf, in dem mein Hirn zu kochen schien. Was mache ich, wenn mir der Hörer mit den Worten:

>>Die Kollegin möchte Sie kurz sprechen<< gereicht wird?

Doch es sollte – Gott sei Dank – anders kommen. Ohne ein weiteres Wort zu sprechen, legte sie einfach den Hörer mit den Worten >>Ist belegt, die Kollegin spricht gerade<< wieder auf.

>>Sie können ruhig gehen, ich probiere es nachher noch mal. Für Sie ist die Sache erledigt.<<

Ein herzliches Dankeschön hervorpressend, erhob ich mich und schaute, dass ich so schnell wie möglich das Weite suchte.

In den Folgetagen öffnete ich abends mit zittrigen Fingern meinen Briefkasten. Ich wohnte nur circa 200 Meter entfernt vom Rathaus und rechnete mit netter Post. Komisch auch das Blinken der Lampe meines Anrufbeantworters machte mich während dieser Zeit etwas nervös. Es ist schon verwunderlich, wie schnell man als unbescholtener Bürger, der von seiner Stadtverwaltung lediglich ein Dienstleistung verlangt – die er auch noch teuer bezahlen muss – in einen echten Bürokratiekrieg verwickelt wird.

Ich habe auf jeden Fall, sicherlich auch wegen des schlechten Gewissens, gelitten wie ein Hund!

Kapitel 3

Der Boxkampf

Vom Naturell war ich schon immer eine richtige Kampfmaschine. Kritiker meinen, dass dieser Umstand eher meiner großen Klappe als meinen sportlichen Leistungen zuzuschreiben ist. Diese Einschätzung liegt eventuell auch darin begründet, dass ich gelegentlich zu spektakulären Aktivitäten, die nicht jedermanns Sache sind, neige – vor allem auch im sportlichen Bereich. Vielleicht ist es auch einfach nur durch mein doch recht stark ausgeprägtes Selbstbewusstsein begründet.

So hatte ich mich unter anderem vor vielen Jahren entschlossen, einem Boxclub beizutreten – hauptsächlich um etwas für meine Fitness und gegen mein Übergewicht zu tun. Glücklicherweise residierte ganz in meiner Nähe ein exzellenter Boxclub.

Ich weiß ja nicht, welchen Einfluss meine Mitgliedschaft in der Folgezeit auf den Club gehabt hatte, aber genau dieser Club - der Box-Club Esslingen - stieg während meiner aktiven Trainingszeit von der zweiten in die erste Bundesliga auf. Was aber, objektiv betrachtet, vermutlich doch nichts damit zu tun hatte, dass ich hier regelmäßig mittrainiert habe. Schon der erste optische Eindruck zeigte, dass ich sicherlich nicht zur Elite dieses Clubs gehörte. Ob das wohl an der Tropfenform meines Körperbaus lag? Nichts desto trotz wurde ich dort herzlich aufgenommen und – so weit als möglich – in den Trainingsablauf integriert.

In diesem Boxclub habe ich dann circa drei Jahre regelmäßig und mit großem Eifer mittrainiert. Allerdings war es mir nie vergönnt, über das Stadium der gymnastischen Aufwärmung und des Geräteboxens hinauszukommen. Das erzeugte in mir ein gewisses Gefühl zwischen Unzufriedenheit und Neugier auf was Neues. So nahm ich eines Tages allen Mut zusammen und fragte unseren Trainer, ob es möglich wäre, dass ich eventuell mal ein leichtes Sparring boxen dürfte. Er hat mich nur sorgenvoll angeschaut und gesagt:

>>Da müssen wir erst noch ein paar Muskeln aufbauen, sonst hauen sie Dir das Genick ab.<<

Das war's dann mit der Karriere als Mike Tyson II. Irgendwie war ich unserem Trainer ja auch dankbar und wenn ich ehrlich bin, war ich auch über diese Antwort richtig froh. Was wäre geschehen, wenn ich zu jemand in den Ring gemusst hätte, der vielleicht schon zehn Jahre Ringerfahrung oder noch mehr mitgebracht hätte? Denn meine Nehmerqualitäten kannte ich ja bis zu diesem Zeitpunkt noch nicht. Und wenn ich an einige, mir im Gedächtnis hängen gebliebene Trainingsabende zurückdenke, war es wohl für mich eine sehr gute Entscheidung.

So fällt mir spontan einer meiner ersten Trainings-
besuche ein. Da haben sich alle Boxer in einer Reihe
aufgestellt und der Trainer hatte an jeder Hand zwei
Batzen.

Eigentlich wollte ich mir die folgende Übung erst
mal in Ruhe anschauen, was aber vom Trainer leider
nicht akzeptiert wurde. Seiner netten Aufforderung,
mich in die Reihe zu stellen, kam ich zögernd nach.
Die Übung war für alle Boxer die gleiche. Eigentlich
hätte sich deren Bewegungsablauf, nach etwa fünfzehn Boxern vor mir, in meinem Gedächtnis einprä-
gen müssen. Bei jedem Kollegen prägte ich sie mir
quasi von neuem ein, damit da auch ja nichts schief
gehen würde. Kein Problem: Rechte Gerade zum
Kinn, linker Haken zur Leber. Dazwischen irgendwie
abblocken. Oder war es rechter Haken zur Leber und
links blocken? Moment geht ja nicht. Wie war das
noch mal? Oh – auf einmal stand der Trainer vor mir
und fing mit der Übung an. Irgendwie hatten wir
wohl zwei unterschiedliche Übungen im Kopf, mit
der Folge, dass ich am Ende etwas Nasenbluten hatte. Aber ein richtiger Boxer kennt ja bekanntlich keinen Schmerz! Das war es dann vorerst mit den
Schlagübungen für mich. Ich sollte fortan zu dem
Kreis derer gehören, die einen Sandsack oder ähnliches Gerät vertrimmen durften. Die Monate gingen
ins Land und ich arbeitete weiter an meiner Schlag-
technik, am Reaktionsvermögen und an der Kondition. Der nächste Vorfall, den ich heute noch sehr gut

im Gedächtnis habe, bzw. im Bereich meiner Magengegend posthum verspüre, ließ dann auch nicht lange auf sich warten. Es war für mich ein ganz normaler Dienstag. Ich freute mich auf das bevorstehende Training und ging frohen Mutes in die Sporthalle. Nach der ersten Trainingsstunde, welche in der Regel nur aus Gymnastik bestand, kam dann der individuelle Trainingsteil. Da fanden sich dann die guten, oder soll ich sagen, richtigen Boxer paarweise zum Sparring, andere wiederum ginge an die Sandsäcke und an die anderen Geräte. An jenem Trainingsabend jedoch rief der Trainer in die Halle:

>>Immer zwei Mann.<<

So weit war das ja noch nicht weiter schlimm. Wir waren nämlich eine ungerade Anzahl an Trainingsteilnehmern. Da war es nicht weiter verwunderlich, dass gerade ich derjenige war, der übrig blieb. Eine Pause, so dachte ich, brauche ich jetzt sowieso, denn das Aufwärmtraining ging doch arg an meine Kondition. Als ich mich schon in Richtung Schwedenbank begeben wollte, um etwas zu relaxen und den anderen zuzuschauen, betrat ein Nachzügler gemächlich die Halle. Von der Figur her wäre sogar der Arny aus Kalifornien verblasst. Der Trainer pfiff erst mal den Neuling zusammen und ermahnte diesen zu etwas mehr Pünktlichkeit, wobei aber der letzte Satz, den er an den Nachzügler richtete, hätte ja trotzdem nicht sein müssen.

»Du machst jetzt gleich die Übungen mit, mit dem da!«

Dabei zeigt er auf mich. Na ja, ist ja nur Training. Und außerdem sieht der andere ja auch, dass ich schon von der Optik her kein typischer Boxer bin. Wir stellten uns gegenüber auf und begannen mit der ersten Übung. Diese bestand darin, dass man in einem Abstand von circa fünfzig Zentimetern, sich gegenüber stehend auf den Zehenspitzen hüpfend, abwechselnd mit der flachen, ausgestreckten Hand leicht auf die Bauchdecke haut. Dies dient dazu, die Bauchmuskulatur zu trainieren. Nichts ahnend, was da kommen könnte, begannen wir mit der Übung. Ich sollte mit dem Hauen beginnen. Dabei hatte ich das Gefühl, dass meine Fingerspitzen, statt auf eine Bauchdecke, auf ein Holzbrett treffen würden. Ich erwähnte ja bereits, dass mein Gegenüber die Figur Schwarzeneggers hatte. Ein kurzer Pfiff des Trainers und die Positionen wechselten. Jetzt war Arny II mit schlagen an der Reihe.

Sein erster vorsichtiger Schlag mit der flachen Hand endete mit seinen Fingerspitzen an meiner Wirbelsäule. Mit so wenig Widerstand meiner Bauchmuskulatur hatte er nicht gerechnet. Er war so überrascht, dass er nur ein »Oh Gott!« hervorbrachte.

Ich fiel auf jeden Fall, wie vom Blitz getroffen, zu Boden. Der Trainer bekam das ganze Drama um mich natürlich mit. Sein lapidarer Kommentar zu meinem Übungspartner:

>>Pass doch a biss'le auf. Du siehst doch, was das für einer ist!<<

Dem war das sichtlich peinlich. Mir übrigens auch. Was für eine Blamage. Mein Vorhaben, eventuell ein großer Boxer zu werden, hatte einen richtigen Dämpfer erhalten. Der Trainingsabend war für mich natürlich gelaufen.

Ich quälte mich sogleich unter die Dusche, übel war mir außerdem. Noch Tage später zierte ein riesiger Bluterguss meine Bauchdecke.

So war dann meine Boxkarriere, noch eh sie die Chance hatte zu beginnen, jäh beendet.

Mein privates Umfeld und zwangsweise auch meine Arbeitskollegen haben natürlich von meinen Boxaktivitäten gewusst. Das lag sicherlich auch daran, dass ich jedem, der es hören wollte oder auch nicht, davon erzählte. Das hatte aber, weil die Menschheit im Kern ja schadenfroh und neidisch ist, zur Folge, dass ich regelmäßig hochgenommen wurde. Zum Schluss habe ich dann nur noch geantwortet:

>>Bringt mir einen Gegner, ich boxe ihn, und wenn es Mike Tyson ist.<<

Nach einiger Zeit, genauer im Jahre 1997, hat dann ein Kollege seinen ganzen Mut zusammen genommen und gesagt, dass er gegen mich antreten wolle und meine große Klappe ein für alle mal stopfen wird. Ich schlug ein und wir verabredeten, dass wir noch etwas Vorbereitungszeit benötigten, bevor wir uns gegenseitig auf die Gosch'n hauen wollten.

Schnell war bei allen anderen die Begeisterung gewachsen. Ja, nicht nur Neid und Schadenfreude, sondern vor allem auch etwas Blutrausch gehört zu den Eigenarten der Menschheit. Eine Kollegin wollte ihr Wohnzimmer als Ring zur Verfügung stellen – ihr Mann würde als Ringrichter fungieren. Der Rest der Kollegenschaft würde dann als das Kampfgericht, den Zeitnehmer, den Gongbediener usw. fungieren.

Jeden Tag war der bevorstehende Kampf des Jahrhunderts das Thema.

Wir beide erlebten dann jeden Tag, wie sich die Euphorie hochschaukelte, und der Mob Blut sehen wollte. Uns beiden war es doch langsam etwas mulmig zumute. Denn uns fehlte ja schließlich jegliche praktische Erfahrung, was einen echten Boxkampf betraf. Fieberhaft suchten wir nach einer Lösung, wie wir gemeinsam aus dem Dilemma herauskommen könnten. Und wir fanden eine.

Abgesprochen hatten wir dann, dieser Vorschlag kam im Übrigen von meinem Gegner, dass wir ein abgekartetes Spiel mit den anderen spielen wollten. Es sollte einen Punktsieg für mich geben, wobei der Kollege zur Verdeutlichung meiner Überlegenheit in der zweiten Runde eine Kapsel mit Schauspielerblut zerbeißen sollte. Diese Kapseln hatte er sich in einem Fachgeschäft besorgt. Schließlich musste ja alles echt aussehen. Als Ergebnis sollte der verdiente Abbruchsieg für mich herausspringen. Da wir beide ja, wie schon erwähnt, noch nie einen Wettkampf dieser Art bestritten hatten, musste dies im Vorfeld unbedingt von uns mal eingeübt werden. Bei meinem Kollegen zu Hause haben wir so etwas Ähnliches wie Schlagvarianten geübt. Dabei konnte ich meine Übungserfahrungen aus den Trainingsabenden im Box-Club in die Waagschale werfen, was uns beide nicht wirklich weiter brachte.

Wenn ich ehrlich bin, so richtig überzeugt waren wir auch nicht von unserer Schauspielkunst. Aber wir waren uns sicher, dass die Zuschauer das erst recht nicht beurteilen könnten.

Der Tag des Kampfes kam. Ach ja, natürlich hatte jeder von uns eine Kollegin für das Schließen von Cuts in seiner jeweiligen Ringecke.

Später musste dann mein Gegner zugeben, dass er in den Ringpausen in der Ecke mehr einstecken musste, als in den einzelnen Runden gegen mich. Die ganze Vorbereitung, was das Drum herum des Kampfes anging, war perfekt. Jeder Boxer trug zum Einmarsch, welcher selbstverständlich mit Musik stattfand, einen Bademantel. Schließlich sollte ja alles, auch um den Kampf herum, einen professionellen Charakter bekommen.

Mein Gegner trug meine privaten Boxhandschuhe, während ich meine Gerätehandschuhe anhatte. Dass diese natürlich aufgrund der geringeren Unzenzahl wesentlich härter in der Schlagwirkung sind, hatte auf das Kampfergebnis nicht wirklich Einfluss. Ich wollte lediglich auf Nummer sicher gehen.

Man weiß ja nie, ob der andere sich auch bis zum Schluss an die Abmachung hält. Nicht dass ich letztendlich noch richtig zuschlagen müsste, um den Kampf zu gewinnen. Ich hatte mir einen Mundschutz zugelegt, welchen ich an diesem Tag zum ersten Mal benutzte. Das Ding hat mich jedoch mehr beim Atmen behindert, als dass es mein Gebiss hätte schützen müssen.

In unserer Umkleidekabine haben wir nochmals den Kampfablauf durchgesprochen. Nicht dass wir aufgrund fehlender Abstimmung hier ein Desaster erleben würden oder dass am Ende sogar noch echtes Blut anstatt Schauspielerblut floss.

Unser Einmarsch wurde richtig professionell aufgezogen. Mit Einmarschmusik, Ringsprecher usw. wurde dieser Megaevent gestartet. Ich möchte nicht wissen, was die Nachbarschaft unserer Kollegin gedacht hatte, als da zwei Boxer in Bademänteln und Boxhandschuhen auf dem Balkon gestanden und auf den Einmarsch gewartet haben.

Die erste Runde war mehr durch Taktik als massiven Schlagabtausch geprägt. Beide Boxer tasteten sich vorsichtig gegenseitig ab. Die Zurufe der Zuschauer vermittelten uns das Gefühl, dass sie bis jetzt unsere Show nicht durchschaut haben. Ich meine mich sogar an etwas Applaus erinnern zu können.

Bereits am Ende der ersten Runde waren mir meine Handschuhe schon recht schwer. Außerdem hatte ich erheblich Atemnot, was aber nicht auf die Kondition, sonder auf den Mundschutz zurückgeführt werden konnte.

Die Distanz des Kampfes war mit fünf Runden à zwei Minuten festgelegt worden.

Das euphorische Boxpublikum feuerte uns im weiteren Verlauf weiter an und der Kampf wurde zusehends besser.

Mein Gegner zerbiss, wie vereinbart, in der zweiten Runde die Blutkapsel und verrieb die Flüssigkeit mit den Handschuhen im Gesicht. Was wir natürlich nicht abgesprochen hatten war unsere Reaktion, falls dieses Blutvergießen niemand interessieren würde.

Und es war tatsächlich so. Niemand hat sich daran gestört, dass ein Boxer geblutet hat wie eine abgestochene Sau. Vielleicht waren alle aber auch nur zu geschockt, um ein Ende des Kampfs zu fordern. Nichts mit Kampfabbruch oder ähnlichem. So hatten wir dies nun wirklich nicht vorhergesehen oder gar geplant. Die Möglichkeit, dass man uns leiden lassen wollte, möchte ich nicht ganz ausschließen.

Man weiß es nicht genau, zumal es später hier auch unterschiedliche Aussagen der Zuschauer zu dieser Vermutung gab. Auf jeden Fall gingen wir über die volle Distanz und die Entscheidung über das Ergebnis musste durch Punktrichterentscheid fallen. Zumindest hier lief alles wie herbeigesehnt.

Ich gewann den Kampf mit 3 : 0 Richterstimmen. Kein Mensch ahnte bis dahin etwas von unserer Kampfabsprache – und das war auch gut so. Während des gemeinsamen Essens danach durften wir uns wie echte Helden fühlen und wurden auch wie solche gefeiert.

Was da von den anderen im Vorfeld des Kampfes organisatorisch geleistet wurde, einschließlich der anschließenden Verköstigung, war echt ne tolle Sache.

Deshalb musste ich auch einen Hauch von schlechtem Gewissen bei mir feststellen. Mit einem Betrug lässt es sich halt doch schwerer leben. Wenn auch niemand durch einen Wetteinsatz oder ähnliches geschädigt worden war.

Ich habe mir in der Folgezeit eingeredet, dass ich ohne Absprache meinen Gegner spätestens in der dritten Runde zu Boden geschlagen hätte. Eigentlich diente unsere Absprache nur dem Schutz seiner Gesundheit.

Der Boxkampf war natürlich die nächsten Jahre immer wieder das Thema. Lustige Sprüche der Zeitzeugen dieses Jahrhundertevents heizten immer wieder die Stimmung an und ein Rückkampf wurde gefordert – zuletzt auch von meinem Gegner. Dem fiel es natürlich die ganze Zeit schwerer als mir, gute Miene zu dem ganzen Spiel zu machen – zumal ich auch durch subjektive Äußerungen die Situation nicht gerade entschärfte.

Zehn Jahre konnten wir unser Geheimnis, was wir uns damals bei unserer Ehre geschworen hatten, gut hüten. Vielleicht war der Druck einfach zu groß? Ich weiß es letztendlich nicht. Aber anlässlich einer kleinen festlichen Veranstaltung in unserer Firma lüftete mein Kontrahent das Geheimnis und präsentierte auch gleich noch ein paar alte, vom damaligen Kampf übrig gebliebene Blutkapseln.

Die Kolleginnen und Kollegen waren doch mehr oder minder geschockt. Vermutlich war unsere schauspielerische Leistung damals doch nicht so schlecht gewesen. Kein Mensch hatte je daran gezweifelt, dass hier alles mit rechten Dingen zugegangen war. Irgendwie bin ich doch froh, dass reiner Tisch gemacht wurde, zumal ich ja wie bereits erwähnt, die Gewissheit hatte und bis heute habe, dass ich auch ohne Vereinbarung diesen Kampf gewonnen hätte. Wenn es in der dritten Runde mit dem KO nicht geklappt hätte, dann spätestens in der vierten. Zu einem Rückkampf wird es leider nicht mehr kommen, weil natürlich jetzt alle von einem weiteren Betrug ausgehen.

Was wir natürlich nie machen würden … Ehrenwort!!!

Kapitel 4

Der Wettkönig

Eine große Leidenschaft von mir ist das Tippen und Wetten. Allerdings bin ich keiner dieser Zocker, die Gefahr laufen, ihr ganzes Hab und Gut zu verspielen. Meine sportlichen Aktivitäten, mein großes Selbstvertrauen und der Glaube an das Glück des Tüchtigen veranlassen mich manchmal dazu, eine vor allem sportliche Wette einzugehen.

Da natürlich viele Leute diese große Leidenschaft von mir kennen, werde ich permanent diesbezüglich provoziert. Ja man muss sogar sagen, ich werde regelrecht zum Wetten getrieben. Eine Triebfeder meiner Wettgegner besteht eigentlich nur darin, dem da mit seiner großen Klappe wieder eins auszuwischen. Vielleicht ist es bei einigen auch die sportliche Herausforderung, mal wieder gegen einen Titanen anzutreten? Alles ist möglich.

Dabei sollten sie doch wissen, dass ich nur Wetten eingehe, bei denen für mich auch die Chance besteht, diese zu gewinnen, oder zumindest mein Wille sehr groß ist, diese gewinnen zu wollen.

In den letzten zwanzig Jahren wurden somit unzählige Wetten abgeschlossen, von denen einige in ihrer Durchführung allerdings noch ausstehen. Dies liegt aber um Gottes Willen nicht etwa daran, dass ich mich vor der Einlösung drücke – das habe ich noch nie getan und werde es auch nie tun. Die Gründe für die Nichteinlösung oder besser gesagt Verschiebung von einigen Wetten sind unterschiedlichster Natur. Oft genug sind auch meine Wettgegner schuld daran. So hat zum Beispiel bei einer Squashwette mein Wettgegner sich nach Abschluss der Wette eine langwierige Schulterverletzung zugezogen. Das ist lediglich ein Beispiel für eine noch ausstehende Wette. Ich gebe ihm noch etwas Zeit zur Regeneration, dann werde ich ihn nochmals auf die Wette ansprechen.

Wer jetzt vielleicht den Eindruck gewinnen könnte, dass ich derjenige wäre, er nur groß herumtönt, was er alles kann, und dann kurz vorher abklemmen würde, dem sei geraten, einfach weiter zu lesen. Es gab natürlich auch zahlreiche Wetten, die zustande kamen.

So lautete eine Wette, dass ich schwimmender Weise tausend Meter in der Zeit von maximal 25 Minuten und 30 Sekunden bewältigen würde. Mein Wettpartner, der mich noch nie vorher schwimmen sah, stellte diese Fabelzeit in Frage und drängte auf eilige Durchführung der Wette.

Das ließ ich mir nicht zweimal sagen. Er startete sogleich eine Umfrage bei den anderen Kolleginnen und Kollegen, vornehmlich aus unserer Essensrunde, wer denn Lust und Laune hätte dabei zu sein, wenn der Klement jämmerlich absäuft.

Da war dann natürlich die Begeisterung und das Interesse groß. Mich absaufen zu sehen, das wollte sich doch einige nicht entgehen lassen. Es fand sich somit gut eine Handvoll Leute, die der Einlösung der Wette beiwohnen wollten. Was mir natürlich nicht unrecht war, denn eine neutrale Person könnte eventuell bei Streitereien in der Zeitnahme oder beim Zählen der zurückgelegten Bahnen schlichten. Nicht dass ich hier Befürchtungen hatte – aber man weiß ja nie.

Gesagt, getan. Eines Nachmittags fuhren wir gemeinsam in ein Hallenbad am Rande unserer Stadt. Noch war ich guter Laune und froher Stimmung. In kleiner Runde wurden nochmals für alle die Wettbedingungen klargestellt, dann sollte es losgehen.

Ich hatte mir schon eine Strategie zurechtgelegt und stellte mich auf den Startblock, auf dem ich ungeduldig auf das Startsignal wartete.

Bevor dieses gegeben wurde, gab mir mein Wettgegner noch einen Tipp. Ich solle die Distanz im Kraulstil bewältigen, das wäre der schnellste und effektivste von allen. Das stimmt schon in gewisser Weise. Da ich ja technisch nicht gerade eine Bereicherung des Schwimmsportes bin, wäre das mit Sicherheit der Stil gewesen, bei dem ich am schnellsten abgesoffen wäre. Ich entschied mich für den eher konservativen Stil des Brustschwimmens. Anfangs lief ja auch alles gut. Kräftig durchzogen meine Arme die Fluten des Hallenbades. Und – 40 Bahnen sind ja auch nicht gerade so viel.

Ich hatte mit allem gerechnet, aber nicht mit den psychologischen Tricks, mit denen die anderen arbeiten sollten. Ja „anderen" stimmt schon. Wenn es gegen mich geht, sind sich alle, ohne vorherige notwendige Absprache, einig. An jedem Bahnende stand jemand und lächelte (Grinsen wollte ich hier nicht schreiben). Mir war auch so, dass auch so aufmunternde Sprüche wie:

>>Na – geht's noch?<< an mein Ohr drangen. Immer wieder streifte mein Blick die Uhr im Hallenbad, um ein Gefühl dafür zu bekommen, ob ich noch im Zeitlimit lag oder nicht.

Nach 20 Bahnen dachte ich, dass es eventuell eng werden könnte. Also habe ich etwas mehr Gas gegeben. Die Folge war, dass nach etwa 30 Bahnen die Ringfinger an meinen beiden Händen Krämpfe bekamen. Ich konnte sie nicht mehr gesteuert bewegen. Bei jedem Zug bogen sie sich nach hinten und schmerzten höllisch.

Der Bahnzähler, zufällig mein Wettgegner, hielt mich immer über die zurückzulegende Reststrecke auf dem Laufenden. Irgendwann schlug ich an und jemand schrie:

>>Fertig.<< Ich hatte anfangs die Bahnen noch mitgezählt, verzichtete aber nach circa der Hälfte der Distanz. Dann stürzten die nüchternen Ergebnismeldungen auf mich nieder. Obwohl ich die zweiten 20

Bahnen schneller geschwommen war als die ersten 20, sollte es nicht gereicht haben. 27 Minuten und 20 Sekunden hatte ich für eine Strecke gebraucht, die ich jetzt mal Distanz und nicht tausend Meter nennen möchte. Da muss sich jemand bei der Anzahl der von mir geschwommenen Bahnen verzählt haben.

Ich hatte mich total verausgabt, schlecht war mir und ich hätte mich am liebsten übergeben. Meine Arme und Beine zitterten. Hilfreiche Hände zogen mich aus dem Wasser und klopften mir sogleich auf die Schultern.

>>Tolle Leistung, hätte nicht gedacht, dass Du die Distanz überhaupt schaffst.<< Diese tröstenden Worte halfen mir in diesem Moment nicht wirklich weiter. Ich kämpfte gegen meine Übelkeit und die Krämpfe, die meinen Körper schüttelten.

Die Zahl der wirklich zurückgelegten Bahnen wird mir immer ein Rätsel bleiben. Es ist aber auch gut möglich, dass alles korrekt gelaufen ist.

Was ich eigentlich auch glaube.

Eine weitere Wette, welche wiederum an meine sportliche Leistungsgrenze gehen sollte, war ein 10.000 Meterlauf. Hier hatte ich, das will ich einräumen, im Vorfeld meine Messlatte ziemlich hoch gelegt.

Ich hatte wieder mit Kollegen gewettet, dass ich bei uns im Sportstadion die 10.000 Meter in 32 Minuten laufen würde. Recht schnell fanden sich auch hier ein paar Leutchen, die in diese Wette einschlugen.

Wir einigten uns auf einen Zeitpunkt und gingen die Durchführung dieses Wettkampfes zielgerichtet an. Einer der Kollegen bot sich sogar an, mir als Hase zu dienen und die ersten Runden Tempo zu machen.

Vielleicht hätte mich dies stutzig machen sollen, dass auch er im Kreis derer war, die gegen mich wetteten. Aber ich war für jede Hilfe dankbar. Und dann lief alles gegen mich, was überhaupt gegen mich laufen konnte. Den genauen Tag des Laufes weiß ich nicht mehr ganz genau. Aber er ist sehr einfach heraus zu finden, denn es war der heißeste Tag des letzten Jahrhunderts.

Hinzu kam noch, dass die Bahn, auf der ich laufen sollte, noch eine alte Aschenbahn war – schwarze Asche, die die Konsistenz von Treibsand hatte. Aber gewettet ist gewettet. Die Zeitnehmer nahmen gelangweilt auf der Terrasse Platz. Ich nahm noch einen kräftigen Schluck Sprudel aus meiner Flasche und begab mich in Richtung Startblock.

Der Hase stand neben mir und war mindestens genau so nervös wie ich. Beim Startschuss nahm ich sofort das Tempo auf und lief mit forschem Schritt die erste Runde an. Dies war ja im Prinzip auch nicht verkehrt. Bei meiner angestrebten Zeit konnte ich mir keine Bummelrunde leisten.

Aber wo war mein Hase? Der lief gemächlich hinter mir her. Danke nochmals für die Hilfe, lieber Kollege. Recht schnell war mir klar, dass ich bei Beibehaltung dieses Tempos und der herrschenden großen

Hitze die 25 Bahnen nicht schaffen würde. Vermutlich wäre es ein neuer Weltrekord gewesen, wenn ich das Tempo der ersten Runde bis zum Schluss durchgehalten hätte.

Ich will es kurz machen. Bereits in der dritten Runde überholte mich mein Hase. In der vierten Runde spazierte ich die Zielgerade hoch und in der fünften Runde hatte ich fertig. Der Hase lief noch zwei oder drei Runden mehr und sank dann ebenfalls erschöpft nieder.

Na ja, eines war mir klar, auf eine Revanche werde ich auf jeden Fall verzichten.

Als Allroundtalent kann ich natürlich nicht nur mit sportlichen Spitzenleistungen aufwarten, nein, auch in kulinarischen Dingen kann ich mit vielen Gourmets locker mithalten.

So kristallisierte sich vor Jahren mal eine kulinarische Wette heraus. Ich hatte die Behauptung aufgestellt, dass ich unter drei Sekten und einem Champagner den Champagner herausschmecken könnte. Eigentlich eine Lächerlichkeit, wenn man eine halbwegs sensible Zunge hat, bzw. Peter Klement heißt.

In kleinem Kreise, bei einem Kollegen zu Hause, fand die Wette statt. Die Zusammenstellung der vier Getränke war allerdings recht eigenartig gewählt. Zu einem billigen Schampus kamen zum einen zwei gute Flaschen Sekt und als vierte Probe ein Fläschchen Piccolo für vielleicht zwei Mark. Die Sache war schnell gelaufen. Zum Champagner als Alternative eine doch etwas im Geschmack stark abfallende Plörre. Das sagt eigentlich schon alles. Dass man mir so wenig zutraut, hatte ich nicht gedacht.

Der Hausherr hatte noch versucht, indem er sich groß vor dem Fenster aufbaute, mir etwas das Licht für die Beurteilung der Farbe und Perlung der Getränke zu nehmen. Dies hat er auch erst getan, als ich ihm erklärte, dass man schon an der Farbe und den Perlen den Champagner erkennen kann. Diese Verzweiflungstat hat ihm aber letztendlich gar nichts genützt. Nach kurzen zwei Minuten habe ich ihm das Glas mit Champagner gereicht.

Natürlich bin ich damit im Büro dann richtig hausieren gegangen. Und das tat mir sichtlich gut. Wie oft hatte ich bei meinen Wetten den Esel spielen müssen. Das Wettergebnis hat aber wiederum ein paar andere Leutchen inspiriert, mit mir die Revanche durchzuführen. Kein Problem erklärte ich ihnen.

>>Bringt die Getränke, ich bin immer bereit.<<

Dieses neue gegnerische Team hatte sich allerdings wesentlich besser vorbereitet als das erste. Die besorgten Getränke waren vom Geschmack her sehr ähnlich, was vor den Kollegen im Vorfeld eruiert wurde. Aber das unfaire an der Geschichte, warum ich letztendlich keine Chance haben sollte, war der Käse, der zu den Proben serviert wurde.

Nicht nur durch seinen Geschmack, sondern auch vor allem durch seinen extremen Geruch, waren meine Geschmacksnerven stark gehandicapt. Hätte ich nur etwas weniger Theatralik in die ganze Probe ein-gebracht, hätte ich auch diese gewonnen. Nachdem ich am Anfang alle vier Getränke kurz probiert hatte, nahm ich das Glas mit dem Champagner und stellte es mit den Worten: »Der ist es« nach hinten.

Dann wollte ich die anderen noch etwas zappeln lassen und probierte zur Sicherheit noch mal da, dann da, usw. Und dazwischen immer etwas Käse und Baguette. Nach ein paar Minuten schmeckte alles irgendwie gleich nach Käse. Und dann habe ich auch noch als finale Entscheidung einen anderen Sekt als Schampus bezeichnet. Irgendwie bin ich da ja selbst schuld gewesen. Gelernt habe ich dabei fol-gendes: Wenn normale sportliche Fairness nichts bringt, einfach biologisch-chemische Kampfmittel einsetzen.

Es gäbe noch viele Wetten, vor allem noch offene, die hier Erwähnung finden könnten. Vielleicht im nächsten Buch …

Kapitel 5

Die Essensrunde

Dieses kleine Kapitel widme ich meiner Essensrunde im Büro. Dieser lockere Zusammenschluss von Kolleginnen und Kollegen besteht seit 1980 und setzt sich aus Mitgliedern mehrerer Abteilungen zusammen. Von den damaligen Gründungsmitgliedern sind nur noch zwei übrig geblieben – eines davon bin ich. Allerdings hat sich der Kreis auf mittlerweile 15 Personen erweitert und ist seit Jahren sehr stabil.

Wir sind eine sehr konservative, lustige Runde, in der so ziemlich sicher alle Charaktere vertreten sind, welche in dieser Palette vorkommen können.

Seit Jahren gehen wir pünktlich um halb zwölf, in unsere Großkantine, um das tägliche Mittagessen einzuwerfen, und unsere sozialen Kontakte zu pflegen. Und wie in allen gut funktionierenden Institutionen ist auch bei uns geklärt, was oben und was unten ist.

Ich wollte es wirklich nicht, aber seit eine Kollegin mich zum Chef der Essensrunde erklärt hat, bekomme ich diesen Ruf und schon gar nicht dieses verantwortungsvolle Amt mehr los. Sie hatte mich einst nur gefragt, ob sie eine Referatskollegin an jenem Tage mit zum Essen bringen dürfte.

Auf die Frage, warum sie mich deswegen frage, antwortete sie, ich sei ja wohl der Chef der Runde. Das ehrte mich schon ein bisschen. Denn normalerweise werden doch eigentlich, wie auch in der Politik, die mit der größten Klappe für so etwas nominiert. Und da rangiere ich innerhalb der Essensrunde in dieser Rangliste eher auf einem hinteren Platz.

Was das gute Klima in der Essensrunde auszeichnet ist die Tatsache, dass wir sehr offen und persönlich miteinander umgehen. Kritik wird ehrlich und direkt ausgesprochen. Im Laufe der Jahre haben sich bestimmte Sachen eingebürgert, ohne jemals offiziell festgelegt worden zu sein.

So ist der einzig fest vergebene Platz in der Kantine, der Platz des Präsidenten. Da kann es leicht passieren, dass sich jemand eine Abstimmung über seinen Essensrundenausschluss gefallen lassen muss, weil er sich angemaßt hat, diesen Platz ungefragt zu belegen.

Da wird dann kurz um Abstimmung gebeten und die Hände gehen – oft mehrheitlich – in die Höhe. Es hat sich allerdings noch nie jemand an ein Abstimmungsergebnis gehalten. Die einzige Sache, wo bei uns Klarheit herrscht, ist die Frage der Selbstholer, der Nichtholer oder der Gemeinschaftsholer beim anschließenden Kaffee in der Cafeteria.

Die Unterschiede, bzw. das Zustandekommen dieser drei Gruppen, sollen ein Geheimnis der Mitglieder bleiben. Meine Kritiker kritisieren immer wieder, dass ich hier als Vorsitzender der Essensrunde etwas Führungsschwäche gezeigt hätte. Nie hätte ich es zulassen dürfen, dass es zu solchen Abspaltungen gekommen ist. Aber lassen wir das. Damit muss man als Liberaler darüber stehen, wenn Leute von der Basis den Unterschied zwischen Toleranz und Führungsschwäche nicht kennen.

Was noch zu erwähnen wäre, ist unsere alle zwei Jahre stattfindende Tipprunde im Fußball – abwechselnd zur WM, bzw. EM. Deutlich zeigt sich auch hier wieder, dass es für ein erfolgreiches Tippen hinderlich ist, wenn man eine Ahnung vom Fußball hat.

Unsere vergangenen Tippergebnisse beweisen dies eindeutig. Fast durchweg waren Frauen oder Tänzer auf vorderen Rängen zu finden.

Auch wenn ich schon viele Male versucht habe, den Vorsitz dieses elitären Kreises abzugeben, ist es mir bisher nicht gelungen. Die Versuche, würdige Nachfolger zu finden, verliefen allesamt erfolglos.

Auf jeden Fall möchte ich diese eingeschworene Gemeinschaft nicht missen. Und den anderen hat es gefälligst genau so zu gehen!

Kapitel 6

Drum singe, wem Gesang gegeben

Vor kurzem ist in unserer Firma eine langjährige Tradition vorübergehend zu Ende gegangen. Es wurde alljährlich ein Konzert durchgeführt. Unter dem Motto „Mitarbeiter spielen für Mitarbeiter" fand, auf doch sehr hohem Niveau, diese Veranstaltung in der großen Eingangshalle unserer Hauptverwaltung statt.

Das Programm unterschied sich in den einzelnen Jahren nicht so sehr, was daher rührte, dass in der Regel immer die gleichen Musiker auftraten. Die klassische Musik stand im Vordergrund und dass dies auch so blieb, dafür sorgten schon die Organisatoren, denen im Übrigen auch die Entscheidung über die Zulassung neuer auftretender Akteure oblag.

Das Konzert erfreute sich stets großer Beliebtheit, was sicherlich an den drei folgenden Gründen gelegen haben dürfte:

- Man kennt einen der Akteure
- Man ist ein großer Klassikfan
- Man freute sich auf den kostenlosen Wein und die Brezeln nach der Veranstaltung beim Smalltalk mit den Akteuren

Mit welchem Prozentsatz sich die Zuhörer den einzelnen Kategorien zuordnen ließen, weiß ich nicht. Ich tippe aber stark, dass der zweite Punkt eine untergeordnete Rolle gespielt haben dürfte.

Auf jeden Fall war das Konzert ein so bedeutendes Ereignis, dass man schon Tage davor im Kollegenkreis darüber sprach. Auch wenn es sich im Wesentlichen um den kurzen Austausch von Information wie etwa >>Gehst Du da hin?<< handelte.

Irgendwann mal während des Mittagessens war das bevorstehende Konzert wieder mal das Thema. Es ist zwar gut fünfzehn Jahre her, jedoch hat es mich in der Folgezeit bis heute künstlerisch geprägt.

Mein damaliger Chef spielt recht ordentlich Konzertgitarre, und ich fragte ihn, wann er denn mal beim Mitarbeiterkonzert auftreten würde. Darauf seine im Scherz gemeinte Antwort:

>>Wenn Du singst, dann trete ich auf.<<

Nach kurzer Überlegung sagte ich: >>OK, das machen wir!<<

Mein Chef erkundigte sich daraufhin beim Organisationskomitee nach den Aufnahmegepflogenheiten für neue Interpreten. Das war recht schnell geklärt. Wer bei dem Konzert singen will, muss im Vorfeld vor einer Jury vorsingen. Soweit alles kein Problem. Eventuell fehlende Stimmfertigkeiten mussten festgestellt und bereinigt werden. Das war eine der Aufgaben, die uns die nächsten Monate nicht mehr zur Ruhe kommen lassen sollte.

Als erstes galt es ein geeignetes Lied zu finden, was den Ansprüchen der Konzertmacher genügte, bzw. welches ich auch singen konnte. Die Fingerfertigkeit meines Gitarristen stand, wenn ich es heute nochmals Revue passieren lasse, eigentlich nie zur Diskussion. Macht ja auch nichts. Ehrenkäsigkeit ist bei so was eh ein schlechter Ratgeber und Begleiter.

Kurze Zeit später war dann ein geeignetes Lied gefunden. Es handelte sich dabei um eine Weise aus der Renaissance von John Dowland. Der Titel war: „Komm zurück, die Liebe lädt Dich ein."

Jetzt mussten wir nur noch zusammen üben und die Sache war gegessen. Mein Chef hatte damals regelmäßig Gitarrenunterricht, welchen wir dazu nutzen wollten, um gemeinsam dieses, unser Lied zu üben. Wir vereinbarten, dass künftig diese Stunde ganz der Übung dieses Liedes – inclusive meiner Gesangsbegleitung gewidmet sein sollte. So machten wir es dann auch. Einmal die Woche fuhr ich die dreißig Kilometer einfache Strecke von meinem Heimatort in ein dunkles Nachbartal, holte meinen Chef ab und fuhr zusammen mit ihm zum Unterricht.

Es hat sicherlich eine gewisse Zeit gedauert, bis sich das Ganze für Außenstehende angenehm anhörte. Aber wir gaben uns Mühe und der Gitarrenlehrer hatte wirklich Nerven wie breite Bandnudeln. Selbstverständlich lag sein Augenmerk nur auf den Gitarrenkünsten seines Schützlings. Zu meinen Sangeskünsten nahm er so gut wie nie Stellung. Vielleicht waren aber auch meine Leistungen besser als … Ach was, ist ja auch egal.

Die Fortschritte, die wir machten, waren wirklich enorm, aber unser Anspruch an die eigene Leistung war noch viel höher. Wie konnte ich meine Stimme weiter verbessern? Auch diese Frage war schnell geklärt. Ein Kollege aus unserer Firma, der in einem Chor mitsang, gab mir den Tipp, dort einmal vorbei zu schauen. Es würde demnächst eine Chorprobe über zehn Abende stattfinden. Wunderbar, dachte ich mir. Die Chance lasse ich mir nicht entgehen.

So fuhr ich am nächsten Mittwoch, rechtzeitig vor Beginn der Probe, zu den Übungsräumen dieses Chors, um dem Chorleiter mein Anliegen zu erklären. Ich legte ihm die Noten und den Text von John Dowland vor und erklärte ihm den Grund meiner Gesangsausbildung. Er zeigte sich sehr angetan von meinem Vorhaben und meinte nur:

»Das kriegen wir hin.«

Ich hatte in den folgenden Wochen dann das Vergnügen, mir bei den zehn Chorabenden die Grundfertigkeiten des Gesanges einschließlich des Notenlesens anzueignen.

Noch zweimal durfte ich dann dem Cheffe dort mein Lied von John Dowland vorsingen. Nach Aussage dieses Experten waren meine Fortschritte ausgezeichnet, und ich solle mir wegen des Auftrittes keine Gedanken machen.

Mein ganzes Umfeld war in den Folgewochen und -monaten irgendwie in meine Gesangsproben involviert. Jede sich mir bietende Gelegenheit nahm ich wahr, das Lied zu üben. Als Vorlage für Übungseinlagen ohne musikalische Begleitung sorgte eine Musikkassette, auf der selbiges Lied von einem deutschen Startenor, mit entsprechender qualitativ hochwertiger Begleitung, zehnmal hintereinander aufgenommen war.

Diese Übungsmethode fand speziell beim Autofahren ihre Anwendung. Aus dem Radio trällerte die Vorlage und ich trällerte mit. Sobald die Kassette durch war, wurde zurückgespult und von neuem begonnen. Dabei war es unerheblich, ob noch jemand im Wagen saß oder nicht.

Dann, eines Tages war es soweit. Unser Auftritt vor der Gesangesinquisition stand bevor. Warum Inquisition? Diese Frage wird am Ende des Kapitels beantwortet.

In einen Besprechungsraum warteten wir, mein Gitarrist und ich, etwas nervös und trotzdem optimistisch gestimmt, auf das Entscheidungskomitee.

Dieses bestand aus zwei Personen. Ein Kollege, der seit Jahren selbst an dem Konzert aktiv teilnahm und eine weitere Kollegin, die mehr fürs Organisatorische zuständig war.

Die Begrüßung war kurz aber herzlich. Man sei ja so froh, dass endlich wieder mal jemand mit Gesang beim Konzert auftreten wolle. Hauptsächlich handelte es sich in den vergangenen Jahren um instrumentale Darbietungen.

Ohne groß in einen nichts bringenden Smalltalk einzusteigen, begannen wir unsere Darbietung, welche uns gar nicht so schlecht gelang.

Am Ende unserer Darbietung teilte uns das Komitee dann mit, dass die ganze Aufführung noch etwas unrund sei. Speziell meine Stimmstütze und noch ein paar andere Dinge bedürften noch ein paar weiterer Trainingseinheiten. Einem Auftritt beim nächsten Konzert könnten sie deshalb nicht zustimmen.

Wir, mein Chef und ich, haben dann noch versucht, etwas über die getroffene Entscheidung zu diskutieren. Schließlich sei es ja ein Konzert von Mitarbeitern für Mitarbeiter, bei dem zwar schon ein gewisses Niveau geboten werden sollte. Allerdings sollte man nicht die Fertigkeiten eines Peter Schreyers oder Placido Domingos erwarten.

Die Rechtfertigungsversuche unserer zweier Gegenüber gingen dann in die Richtung, so etwas vom Selbstschutz für den Interpret zu faseln. Sie hätten auch die Aufgabe, hier niemand ins offene Messer laufen zu lassen, und erzählten von einem Kollegenauftritt aus früheren Jahren, der dann beim Vortrag aufgrund der Nervosität doch Schwankungen in der Tonlage gehabt habe. Deshalb würde man auch diese Vorprüfung abhalten, um solche Troubadixe von den Pavarottis zu selektieren. Wie konsequent dies auch durchgezogen wird, haben sie uns dann so nebenbei auch noch mitgeteilt. Die nette Dame aus dem Komitee meinte ganz jovial, ja stolz sogar:

>>Der Einzige, der bisher nicht vorsingen musste, war Herr …! Aufgrund seiner hierarchischen Position in unserer Gesellschaft wurde er vom Vorsingen befreit. Aber sonst sind alle anderen gleich.<<

Danke für die Erklärung. Sie passte zu dem, was uns diesbezüglich in der Folgezeit noch erwarten sollte, worüber wir aber zu diesem Zeitpunkt noch nichts wussten.

Wir sind dann so verblieben, dass wir meine Gesangsausbildung noch etwas vorantreiben, und es dann nächstes Jahr nochmals probieren wollten.

Stark geknickt verließen wir den Ort unserer „Gerichtsverhandlung". Die Diskussion, ob wir es einfach sein ließen oder nochmals probieren sollten, war nur kurz. Das Ergebnis lautete: >>Denen zeigen wir es.<< Mit dieser formulierten Kampfansage gingen wir umgehend in die Vorbereitungen für das nächste Jahr.

Dann, kurze Zeit später, teilte mir mein Chef morgens mit, dass er über seinen Gitarrenlehrer, bzw. eine Bekannte von ihm usw., eine Gesangslehrerin ausgemacht hätte, welche sogar bereit wäre, mir Unterricht zu geben. Ich solle mich einfach mal mit ihr in Verbindung setzen und einen Termin ausmachen.

Gesagt – getan. Ich vereinbarte mit ihr einen Termin, Mittwochmorgens um halb zehn. Mit etwas flauem Gefühl im Magen fuhr ich dann am nächsten

Mittwoch hin, um mit ihr mal das Ganze zu besprechen.

Vorab möchte ich schon sagen, dass ich dieser Gesangslehrerin zu großem Dank verpflichtet bin.

Sie hat mich, den ungeschliffenen Rohdiamanten, doch etwas zum Glitzern gebracht. Die Unterrichtsstunden haben echt Spaß gemacht – zumal mir diese Künstlerwelt mit der fehlenden Hektik, welche mir als EDV-ler doch gelegentlich anhaftet, sehr gefallen hat.

Schnell erklärte ich ihr die ganze Vorgeschichte und berichtete auch von dem Vorsingen und dessen Ergebnis. Einfach alles, was bisher so passiert war. Wie schon damals der Chorleiter des Fellbacher Chors meinte sie, dass diese Hürde zu meistern sei. Ich hätte eine sehr schöne Stimme, die nur noch etwas geformt werden müsse. Und das aus ihrem Munde – das tat gut. Denn schließlich hat sie in der Branche einen ausgezeichneten Namen und bildet eigentlich eher Sänger aus, die klassischen Gesang oder ähnliches studiert haben. Ohne die vorab geschilderten Beziehungen hätte ich nicht einmal zu einem Vorgespräch kommen dürfen.

Wir vereinbarten, dass wir uns ab heute regelmäßig Mittwochmorgens um halb zehn für ein Stündchen zum Unterricht treffen wollten. Und mit damals achtzig Mark die Stunde war dies auch nicht überbezahlt.

Mit ungeheurer Geduld gingen wir die ganze Sache an. Was ich bisher nur aus der Schule kannte – sie gab mir quasi Hausaufgaben mit. So habe ich zu Hause dann die Taktfolge des Liedes in einer bestimmten Schrittfolge zum Gesang geübt. Gebracht hat es auf jeden Fall was, und es war auch überhaupt nicht langweilig.

Wie immer im Leben gab es auch hier Hochs und Tiefs. Ich kann mich da an zwei Vorkommnisse noch genau erinnern. Eines Tages war ich etwas früh dran und musste noch kurz im Nebenzimmer warten, weil eine andere Schülerin noch ihr Prüfungslied sang, welches sie am nächsten Tag an der Universität vorsingen musste. Einfach genial dieser Vortrag, dem ich da lauschte. Noch heute höre ich diese Stimme und den Spruch von der Gesangslehrerin: >>Monika, wirklich klasse. So etwas hört man nicht jeden Tag.<<

Kurz darauf begann meine Gesangsstunde mit doch einigen kleinen Fehlern, die eigentlich nicht mehr hätten auftreten sollen.

Als ich dann am Ende meiner Stunde meinte, dass man so etwas sicherlich auch nicht jeden Tag höre, meinte sie nur trocken:

>>Allerdings.<<

Natürlich ging es die nächsten Unterrichtsstunden wieder bergauf, bis dann mal wieder so ein schwarzer Tag kam. Den erahnte ich allerdings schon bei der Hinfahrt zum Unterricht. Irgendwie war ich nicht ganz konzentriert und entsprechend gut war mein Gesang. Gegen Ende des Unterrichts lehnte sie sich mit einem Arm auf ihren Flügel, verbarg das Gesicht darin und schluchzte fast:

>>Sagen Sie ja niemand, bei wem Sie Unterricht haben. Nennen Sie bloß meinen Namen nicht.<<

Aber dies war der letzte schwarze Tag in meiner Gesangsausbildung. Bei einer der folgenden Trainingseinheiten war auch mein Chefgitarrist dabei. Wir wollten einfach mal mit Originalbegleitung proben. Diplomatisch meinte sie nur, dass sie sich lediglich zu den Fehlern des Sängers äußere, das andere wäre Aufgabe des Gitarrenlehrers.

Schließlich - eines Tages fragte sie mich, wann denn das nächste Vorsingen für unser Konzert stattfinden sollte. Sie würde dann im Vorfeld, extra für mich, ein Hauskonzert bei sich veranstalten, bei dem wir – ich mit Gitarrist – auch auftreten sollten.

Dieses Hauskonzert wäre zugleich auch für ihre anderen Schüler die Möglichkeit, unter Konzertbedingungen etwas aufzuführen. Gerne nahm ich dieses Angebot an.

Der Samstag des Hauskonzertes kam immer näher. Leider war ich die beiden Wochen davor, aufgrund einer fiebrigen Erkältung, etwas stimmlos. Dies sollte aber nicht weiter stören, wir wollten auf jeden Fall bei diesem Hauskonzert auftreten.

So trafen wir uns mit all den anderen Künstlern im Haus der Gesangslehrerin. Neben Knabbersachen gab es auch diverse Getränke wie Ananassaft, Orangensaft, Kiwisaft etc.

Aufgrund meiner noch rauen Stimme brachte das Einsingen nicht so furchtbar viel.

Kurz vor dem Beginn der Veranstaltung erklärte uns die Hausherrin, dass dies eine zwanglose Veranstaltung ohne festgelegte Auftrittsreihenfolge wäre. Wir sollten völlig frei selbst entscheiden, wer jeweils als nächstes auftritt. Die perfekte Form der Selbstorganisation.

Das Programm war recht bunt zusammengewürfelt. Da gab es klassischen Gesang, Schlager, einfach alles, was die Gesangspalette so zu bieten hatte. Und dann gab es noch uns.

Das Konzert begann und mein Chef und ich waren uns einig, dass wir erst einmal jemand anderem den Vortritt lassen wollten.

Erst trat eine Sängerin auf, begleitet von einer sehr guten Band. Als diese mit ihrem Auftritt fertig war, schwante uns schon schlimmes. Der Applaus aller Anwesenden war brausend und absolut verdient. Die Unterschiede im Gesangsniveau zu mir, und wohl auch von der Begleitung her, waren doch selbst für uns hörbar. Ich flüsterte meinem Chef zu:

>>Wenn das nächste Mal das Licht ausgeht, dann verpissen wir uns.<<

Bevor wir weiter Fluchtpläne schmieden konnten, trat schon die nächste Sängerin auf. Mit ihrer klassischen Gesangsdarbietung toppte sie sogar ihre Vorgängerin. Einfach super! Wie schon ihre Vorgängerin, erntete sie tosenden Applaus und nahm wieder im Plenum der anderen Akteure Platz.

Ich sagte zu meinem Chef:

>>Wenn wir jetzt nicht auftreten, gehe ich nicht mehr auf die Bühne. Bringen wir es hinter uns.<<

Mutig und forschen Schrittes gingen wir nach vorne und legten sogleich mit dem einstudierten Lied los. Wie gesagt, meine Stimme war noch etwas angeschlagen, aber dennoch hat unsere Darbietung doch einigermaßen gut geklappt.

Natürlich war es nichts im Vergleich zu allen anderen Vorträgen des Abends, den beiden bereits gehörten, bzw. denen die noch kommen sollten. Der Applaus war somit natürlich auch nicht ganz so tosend wie bei unseren beiden Vorgängerinnen. Später meinte mein Chef, man hätte wohl mit dem Applaus eher unseren Mut als die gezeigte Leistung belohnt.

Auf jeden Fall war dieses Hauskonzert eine tolle Sache, die uns beiden sehr gefallen hat!

Es folgten noch zwei oder drei Gesangsstunden und meine Gesangslehrerin meinte dann, dass ich nun die nötige Reife hätte, um das bevorstehende Vorsingen zu überstehen.

Dann kam er – der lang ersehnte Tag des Vorsingens. Gut vorbereitet warteten wir, wie schon ein Jahr vorher, in einem extra organisierten Raum auf die beiden Kampfrichter, welche über unseren Auftritt entscheiden sollten.

Nachdem beide anwesend waren, erklärte ihnen mein Chef noch mal, in welcher Weise wir an der Verbesserung unserer Künste gearbeitet hätten. Nur um schon mal im Vorfeld ein bisschen Eindruck zu schinden und klar zu machen, dass wir mit dem nötigen Ernst an der Sache dran waren. Dann legten wir los und trugen unser Lied abermals vor. Wir waren uns danach beide einig, dass wir schon lange nicht mehr solch einen guten Vortrag abgeliefert hatten. Mit doch zufriedenen Mienen warteten wir auf die Belobigung des Kampfgerichtes – das positive Ergebnis konnte nur noch eine Formsache sein. Und dann kam die pure Ernüchterung. Beide Juroren drucksten etwas herum, was bei uns sehr schnell eine schlimme Ahnung heraufbeschwor. Der Kollege aus dem Kampfgericht meinte dann nur ganz schlicht:

>>An der einen Stelle waren Sie eine halbe Note zu tief und an einer anderen Stelle sind Sie eine viertel Note zu hoch gewesen, deshalb können wir einem Auftritt nicht zustimmen.<<

Uns blieb die Spucke weg. Mit allem hatten wir gerechnet, aber nicht mit solch einer Entscheidung, schon gar nicht mit dieser fadenscheinigen Begründung. Dann meinte die nette Dame noch, dass sie eigentlich gar keine Ahnung von Musik hat.

Wie wahr doch die Einsicht war – nur uns half das nichts. Aber sie müsste sich quasi den Worten ihres Vorredners anschließen. Im Großen und Ganzen würden sich ihre Eindrücke mit seinen decken. Aber nächstes Jahr würde sie einen runden Geburtstag feiern, da könnten wir gerne auftreten.

Ich glaube, es war sicherlich gut, dass wir beide diese Möglichkeit sofort nie in Betracht gezogen haben. Zu groß wäre die Gefahr mit einem selbst komponierten Text hier etwas zurückzuzahlen.

>>Wenn Sie noch etwas weiter üben würden, gibt es die Möglichkeit, es vielleicht nächstes Jahr nochmals zu versuchen.<< waren ihre letzten Worte. Ich nahm diese allerdings nur etwas trübe wahr. Zu groß war doch der Schock über das Ergebnis.

Diese Möglichkeit, einen weiteren Versuch im Folgejahr zu unternehmen, hatten wir für uns von vorne herein schon kategorisch ausgeschlossen.

Wir haben noch versucht, die Entscheidung genauer zu hinterfragen und erklärten, dass wir uns sehr wohl der Bedeutung der Veranstaltung und auch der damit verbundenen nervlichen Belastung bewusst wären. Die beiden blieben aber hart und wir zogen erneut frustriert ab.

Mit meiner Gesangslehrerin bin ich damals so verblieben, dass ich sie am nächsten Tag über das Ergebnis des Vorsingens informiere. Dies habe ich dann auch getan.

Als ich ihr die Begründung mit der viertel und der halben Note erzählte, meinte sie sofort, dass dies auf keinen Fall die wahre Begründung sein könne. Das wäre absolut unmöglich. Und ich glaubte ihr. Wenn jemand dies beurteilen konnte, dann war sie das.

Ansonsten kannte ich auch auf die Schnelle keine andere Person, der ich ein solches Urteilsvermögen zugetraut hätte.

Als ich ihr gegenüber dann noch erwähnte, dass man uns das Angebot gemacht hatte, es nächstes Mal nochmals zu probieren, meinte sie:

>>Ich bin ja schon für Revolution, aber eines ist sicher: Da würde ich auf keinen Fall mehr auftreten.<< Das sah ich selbstverständlich auch so.

Doch nun zur Beantwortung meiner Ausführung am Anfang des Kapitel, in der ich dieses Prüfungskomitee als Inquisition bezeichnet habe.

Etwa zwei Monate nach unserem zweiten fehlgeschlagenen Versuch, die Genehmigung für einen Auftritt auf dem Mitarbeiterkonzert zu erlangen, erzählte ich einem Kollegen diesen Vorfall.

Etwas verblüfft teilte er mir mit, dass er mit jenem Prüfer – wir erinnern uns an die viertel und die halbe Note – drei Tage vor unserem Vortrag zusammen zur Betriebsversammlung gelaufen sei.

Dabei habe dieser unter anderem von dem bevorstehenden Konzert und unserem anstehenden Versuch, dort aufzutreten, gesprochen. Irgendjemand anderes, und ich weiß bis heute nicht, wer das war, hatte ihm erzählt, dass das Ganze – unser geplanter Auftritt - eine Wette wäre. Ich hätte angeblich mit irgendwem um eine Pizza gewettet, dass ich den Mut aufbringe, dort aufzutreten.

Und genau aus diesem Grund würde er mich beim Vorsingen durchfallen lassen! Schließlich wäre das Mitarbeiterkonzert ja keine Juxveranstaltung. Das Ergebnis stand also schon vor unserem Auftritt fest!

Mir verschlug es die Sprache. Mit allem hatte ich gerechnet, aber nicht mit einer solchen Vorgehensweise. Was glaubte dieser Kollege eigentlich? Dass ich gut und gerne zweitausend Mark in meine Gesangsausbildung investiert habe, um eine Pizza zu gewinnen? Zumal hier nie und nimmer eine Wette gelaufen ist!

Das Furchtbare an der Geschichte ist die Tatsache der fehlenden Offenheit. Mit keiner Silbe hatte man dieses Gerücht bei unserem Vortrag erwähnt. Denn dann hätten wir dies nämlich gleich klarstellen können.

Wir haben darauf verzichtet, die beiden auf das Gehörte anzusprechen. Zu groß war unsere Enttäuschung.

An dieser Stelle nochmals herzlichen Dank an das Kampfgericht.

Kapitel 7

Der Krautkopf

Südlich von Stuttgart liegt einer der einzigartigsten Landstriche Deutschlands – die Fildern. Angeblich soll hier sogar das fruchtbarste Stückchen Land der Erde liegen. Dies haben irgendwelche Agrarforscher sogar in renommierten Fachjournalen veröffentlicht. Vielleicht war das auch der Grund, jüngst diese Landschaft mit einer neuen Messe zu bepflastern und somit diesen wertvollen Boden für immer zu vernichten. Aber das ist ein anderes Thema.

Ich habe die Ehre, ein gebürtiger Filderbürger zu sein, und dort auch zu wohnen. Berühmt sind die Fildern vor allem auch wegen des weltberühmten Filderkrautes, welches hier in großer Zahl angebaut wird.

Mit maßlosem Neid und nicht zu überbietender Unsachlichkeit machen sich die Bewohner der umliegenden Gebiete über uns Filderbürger, bzw. über diesen Krautanbau lustig.

Dies ist zum Teil auch nachvollziehbar – aber nur in den Punkten, die sich auf dieses exzellente Gemüse beziehen. Nach jeder Ernte werden nämlich die Stümpfe der geernteten Krautköpfe auf den Feldern belassen und fangen dann dort an zu verfaulen. Begleitet wird dieser Gärvorgang von entsprechenden Düften.

So wurde ich auch immer wieder scherzhaft von einigen meiner Kollegen darauf angesprochen. Nicht auf den Mund gefallen, konnte ich mich jedoch verbal schon dieser Scherze erwehren. Aber irgendwann ist halt auch einmal Schluss mit lustig.

Als dann diese doofen Scherze eines Tages doch mal Überhand nahmen, ließ ich mich zu folgender kleinen Ermahnung hinreißen:

»Wartet nur, Euch werde ich mal den Schreibtisch mit ein paar frischen Krautblättern einreiben, dann wisst ihr, wie das riecht, blöde Bagage, blöde.«

So gingen die Wochen und Monate ins Land. An die sich stetig wiederholenden Anspielungen hatte ich mich langsam gewöhnt, und den Vorfall irgendwann auch mal abgehakt. Schließlich verliert ja alles mit der Zeit mal seinen Reiz.

Die Tage im Büro waren längst wieder vom Alltagstrott geprägt, als sich Kollegen aus meinem Referat bei mir erkundigten, ob ich wüsste, woher dieser undefinierbare Geruch auf dem Gang stammen würde. Ich nahm hierauf eine volle Nase Luft, konnte aber nichts Außergewöhnliches bemerken. Man muss vielleicht noch wissen, dass ich ein kleines Einzelzimmer in einem unserer ehemaligen Altbauten hatte, bei dem die Tür aufgrund der Zimmergröße nach außen aufgehen musste. Das Fenster, das zum Innenhof zeigte, musste ich zu diesem Zeitpunkt zeitweise geschlossen halten, da dort gerade größere bauliche Maßnahmen vorgenommen wurden. Immer wieder kam der Kollege aus dem Nachbarzimmer und fragte mich, ob ich denn wirklich nichts riechen würde. Ich musste es einfach immer wieder verneinen.

Als auch ich nach weiteren zwei Wochen so etwas wie faulige Gerüche wahrnahm, hatte ich selbstverständlich ein paar logische Erklärungen parat. Da im Innenhof gerade die lautstarken Arbeiten am Bau vorüber waren, war auch mein Fenster wieder gekippt.

>>Der Gestank kommt von draußen rein - dann machen wir einfach das Fenster zu. Vermutlich wurde eine Abwasserleitung bei den Grabungsarbeiten verletzt. Das stinkt so!<< war meine schlüssige Erklärung.

Irgendwann wollten meine Gangkollegen meinen Erklärungen keinen Glauben mehr schenken und baten mich, der Ursache dieses Gestanks doch einfach mal verstärkt auf den Grund zu gehen.

Na ja – des lieben Friedens willen - durchsuchte ich mein Büro. Auch hier sollte man wissen, dass dies nicht so einfach war. Meterhoch stapelten sich Listen und Papiere. Deswegen war sogar einmal ein Statiker bei mir im Büro, weil man im Zimmer unter mir verdächtige, knarrende Geräusche wahrnahm. Der deutsche Schreibtischtäter ist bisweilen halt mit etwas schwachen Nerven ausgestattet. Die Römer hatten einst Angst, dass ihnen der Himmel auf den Kopf fällt, meine Kollegen hatten Angst vor der Bürodecke.

Zurück zu den von mir durchgeführten Suchmaßnahmen in meinem Büro. Mittlerweile nahm ich doch den nicht mehr wegzubekommenden Geruch doch auch mit gewissen Ekelgefühlen wahr.

Das gibt's doch gar nicht – irgendwo muss doch die Ursache für diesen üblen Gestank herkommen. Nach sorgfältiger erneuter Geruchsprobe mit zwei weiteren Kollegen war die Ursache klar.

Von draußen kam das nicht herein. Das konnte nun endgültig ausgeschlossen werden. Irgendwo musste in meinem Zimmer eine verwesende Ratte liegen – anders kann das gar nie nicht sein. Ich suchte wirklich überall. Keine Schublade meines Mauserschrankes blieb verschont. Jedes Eck, hinter dem Schreibtisch, einfach überall suchte ich. Nichts, was auch nur im Entferntesten den Gestank verursachen könnte, kam dabei zum Vorschein.

Bis mir einfiel, dass eine Kollegin aus dem Nachbargebäude sich vor einiger Zeit über den komischen Geruch der neuen EDV-Listen beschwert hatte. Das war es, das musste es sein. Natürlich ist der Geruch der neuen Listen schon anders als der der alten Listen. Und wenn man bedenkt, dass ich tonnenweise Papier im Zimmer hatte, war es eine logische Folge, dass ich mit der Entsorgung meiner Papierberge mich des stinkenden Übels gleich mit entledigen würde. Ich bestellte einen Container und fing an aufzuräumen. Ohne mir groß bei jeder Liste oder Unterlage die Frage zu stellen: »Brauch ich die vielleicht noch irgendwann mal?«

Selbst einzigartige Lehrgangsunterlagen aus meinem Mauserschrank fielen dieser Säuberungsaktion zum Opfer.

Nachdem der Container wieder abgeholt war, riss ich mein Fenster auf und versuchte die Restdüfte dieser vermaledeiten Stinkerlisten endgültig loszuwerden. Ja – wenn dies nur was genutzt hätte. Dem war aber nicht so.

Den Misserfolg meiner Aktion bekamen natürlich auch die anderen mit. In vollem Ernst roch sogar ein Kollege aus einem anderen Referat an mich hin. Auf mein verdutztes Gesicht hin erklärte er nur:

»Ich dachte, als eine Möglichkeit bleibt nur die Annahme, dass Du so stinkst.«

Eine Unglaublichkeit, die nicht zu toppen aber vielleicht doch verständlich oder nachvollziehbar gewesen ist.

Nächster Hoffnungsschimmer war dann, dass der Gestank sich verzog, weil das Objekt des Übels sich vermumifiziert hatte oder sonst irgendwas anderes damit passierte.

Es gingen nochmals einige Tage ins Land. Die Bemerkungen meiner Kolleginnen und Kollegen in den umliegenden Büros wurden immer aggressiver und direkter. Was sollte ich tun? Ich war doch mehr Opfer des Gestanks als alle anderen. Denn dass der Gestank aus meinem Büro kam, war aufgrund der Intensität nicht mehr wegzuleugnen.

Wie so oft im Leben kommt einem Kommissar Zufall zu Hilfe. Ein paar Tage später suchte ich eine alte Unterlage, um einem Fehler auf die Spur zu kommen. Hoffentlich hatte ich diese nicht mit meiner damaligen Containeraktion entsorgt. Das war recht einfach zu überprüfen, da die Zahl der verbliebenen Unterlagen sich in überschaubarem Umfang präsentierte.

Zuerst suchte ich in meinem Mauserschrank, der ja zur Aufbewahrung selbiger Unterlagen geeignet und genutzt war. Langsam zog ich die untere Schublade auf und fiel fast wie vom Blitz getroffen um. Eine Wolke übelsten Duftes schlug mir ins Gesicht. Die wenigen verbliebenen Unterlagen waren von einer ekelhaften braunen Brühe übersät. Doch woher kam die Brühe? Diese Frage war sehr schnell geklärt.

Eilig zog ich nacheinander alle Schubladen des Mauserschrankes auf – von unten nach oben.

Erst in der letzten oberen Schublade dann der Schock. Ganz hinten im Eck versteckt, lag ein Krautkopf, der allerdings zum momentanen Zeitpunkt schon mehr als verfault war. Er hatte eine glibberige, braune Farbe angenommen und seine feuchten Bestandteile tropften langsam durch die Schubladen von oben nach unten. Ist doch echt von Vorteil, wenn man Besitzer eines variablen Schrankes ist. Dann kann man sich diese Variabilität zu Nutze machen und die Trennfächer in die unzähligen Schlitze der einzelnen Schubladenböden einrasten. Allerdings waren diese Schlitze jetzt dafür verantwortlich, dass sich wenigstens der Krautkopf in seinen Auflösungserscheinungen langsam über alle Schubladen verteilte.

Auf jeden Fall erhöhte sich der Lärmpegel auf unserem Stockwerk schlagartig. Geschrieen habe ich:

>>Wenn ich den erwische, der das war, der frisst das Ding bis zum letzten Blatt.<<

Sehr schnell gab es einen kleinen Auflauf auf dem Gang. Die Neugier trieb alle anwesenden Kollegen in die Nähe meines Zimmers.

Ich weiß nicht, was schlimmer war, der Gestank oder das schallende Gelächter einiger Kollegen, die teilweise sogar Tränen in den Augen hatten.

Aber wartet nur – das habt ihr nicht umsonst getan. Mein Kollege aus dem Nachbarzimmer kam sogleich mit ein paar Papiertüchern aus dem Pausenraum angelaufen und packte das Corpus delicti kurzerhand an und hievte es vorsichtig aus der Schublade. Vielleicht hätte er es nicht unbedingt auf meinen alten hölzernen Garderobenschrank legen sollen. Dieser war nämlich aus Holz und oben nicht versiegelt. So gelangte noch etwas Fäulnisflüssigkeit ins Holz, welche aber nach weiteren drei Monaten letztendlich auch nicht mehr zu riechen war. Was also mit dem Ding machen? Kurz entschlossen packten wir den Krautkopf in einen Mülleimer, der sich auf dem Gang neben dem Büro eines Bereichsleiters befand. Die augenblickliche Position des Krautkopfes änderte natürlich nichts an der Tatsache, weiterhin kräftig zu stinken. Eine Lösung musste her und wurde auch gleich gefunden. Der hilfsbereite Kollege stand auf einmal neben dem Mülleimer mit seiner privaten Flasche Pitralon und parfümierte den Inhalt des Eimers nach Kräften. Danach hüllte er mein Büro ebenfalls in einen aufdringlichen Pitralonduft. Die Aktion hätte einem Kammerjäger gut zu Gesicht gestanden. Bis heute gibt es noch unterschiedliche Meinungen zu seiner Aktion. Im Kern wurde die Frage diskutiert, was mehr gestunken hat. Der Krautkopf oder das Pitralon?

Rasend schnell hatte sich diese Aktion natürlich herumgesprochen. Dass der oder die Übeltäter aus meiner Essensrunde kommen mussten, war klar. Mit denen hatte ich ja bezüglich des Krautduftes die Diskussionen.

Aber wenn es gegen mich geht, dann sind sich alle einig. Eisern geschwiegen wurde jahrelang. Mir ist es mehr oder minder durch Zufall gelungen, herauszufinden, wer hinter der ganzen Sache steckt. Zwei badische Weibsen haben sich den Scherz erlaubt. Die Vergeltung wartet allerdings noch bis heute – aber vergessen ist nichts.

Ich bin ja froh, dass in meinem Büro keiner mit offenem Feuer hantiert hat. Eventuell wäre der ganze Laden noch in die Luft geflogen.

Was noch schlimmer ist, ist die Tatsache, dass dieser Krautkopf ungefähr vier bis fünf Monate in meinem Mauserschrank verweilte und ich dies erst sehr spät wahrgenommen habe. Im Endeffekt waren es die feinen Nasen aus unserer Abteilung, die mich hier unterstützt haben.

Offen bleibt noch folgende Frage: »Was wäre passiert, wenn ich damals nicht die Unterlage in meinem Mauserschrank gesucht hätte?« Ich will dies gar nicht so genau wissen.

Man kann sich vorstellen, dass die nächste Zeit für mich ein echtes Spießrutenlaufen war. Wie oft habe ich das Zitat gehört: »Wer anderen eine Grube gräbt, fällt meistens selbst hinein.«

Alles Klugscheißer!

Anfangs hatte ich noch fürchterliche Rache geschworen. Diese Dreistigkeit schrie geradezu nach Vergeltung.

Aber da es mir zeitnah leider nicht gelang, die Schuldigen zu finden, verpuffte mein Groll mit der Zeit. Außerdem bin ich ja überhaupt nicht nachtragend. Ich teile sicherlich gelegentlich mal was aus und habe im Laufe der Zeit auch gelernt, viel einzustecken. Objektiv betrachtet, sind meine Nehmerqualitäten mehr beansprucht worden als meine Geberqualitäten.

Ich hätte auch nie gedacht, dass sich Geruchsnerven im Laufe der Evolution so mit den geographischen und ökologischen Umwelteinflüssen arrangieren können.

Außerdem ist die Beurteilung, ob etwas duftet oder ob es stinkt, von subjektiven Gefühlen geleitet.

Kapitel 8

Die Torwartlegende

Alljährlich veranstaltet der Standort Stuttgart meiner Firma eine so genannte Sportwoche. Da werden dann im firmeneigenen Stadion, bzw. den angrenzenden eigenen Sporthallen und Kegelbahnen, verschiedene Wettkämpfe in unterschiedlichen Sportarten durchgeführt. Viele Kolleginnen und Kollegen nehmen traditionell an diesen Wettkämpfen teil. Natürlich dürfen da klassische Sportarten nicht fehlen und somit wird unter anderem auch ein Fußballturnier angeboten. Gespielt wird dabei in zwei Altersklassen, den Aktiven und den Senioren. Die einzelnen Mannschaften rekrutieren sich aus der Personaldecke der jeweiligen Abteilungen, die eine Mannschaft für das Turnier gemeldet haben. Auch die umliegenden Geschäftsstellen und Niederlassungen nehmen die Möglichkeit, ebenfalls daran teilzunehmen, wahr und stellen ein Team. Das Niveau der einzelnen Mannschaften ist leider sehr unterschiedlich. Da gibt es eifrige Geschäftsstellen, bei denen dann schon mal ein ehemaliger National- oder Bundesligaspieler gemeldet wird, welcher dann auch eingesetzt wird. Und dann gibt's es noch die Mannschaften, die überhaupt erst dadurch zustande kommen, weil man bei ihnen im Vorfeld eine abteilungsinterne Umfrage durchgeführt hat und händeringend die Leute bekniet hat, sie mögen doch bitte mitspielen. Ich gehörte jahrelang einer solchen Mannschaft an. Wenn ich es genau betrachte, habe ich immer sehr spät von diesen Umfragen erfahren, bzw. hat hier der Zufall auch eine große Rolle gespielt. Es war wohl in der Vergangenheit öfters so, dass man erst im allerletzten Notfall auf meine Dienste zurückgreifen wollte. Und das, obwohl zu meinen sportlichen Highlights unter anderem sogar ein Spiel gegen eine Mannschaft mit einem ehemaligen Nationalspieler zählte. Und auch der hat gegen mich – ich spiele regelmäßig im Tor – nicht getroffen. Um ihn nicht zu brüskieren, sei auch sein Name an dieser Stelle unerwähnt. Für das Spielergebnis war dies allerdings auch nicht relevant. Die vielen Tore, die ich in dem Spiel kassierte, haben seine jüngeren Mitspieler erzielt. Mag sein, dass dies meine stolze Sichtweise doch etwas relativiert.

Aber, was soll dieses Schwelgen in der Vergangenheit? Bei Turnieren dieser Art kommt es dann ab und an auch zu kuriosen Vorkommnissen, von denen ich eines als berichtenswert erachte. Es ist nicht jenes Fußballspiel, bei dem wir aufgrund einer angeblichen Tätlichkeit eines Spielers von uns gegen den Schiedsrichter disqualifiziert wurden, sondern um eines, bei dem ich eine nicht ganz unerhebliche Rolle gespielt habe.

Doch wie kam es dazu?

Traditionell wird dieses Turnier auf so genannten Kleinfeldern mit den D-Jugendtoren gespielt. In früheren Jahren war an den Fußballspieltagen echt was los. Die einzelnen Mannschaften wurden natürlich mehr minder zahlreich von den mitgereisten Fans, in der Regel Abteilungskolleginnen und -kollegen, begleitet und lautstark unterstützt.

Dies passierte nach besten Kräften und mit nicht immer sachlichen Zurufen. Speziell die Anwesenheit von Kolleginnen versetzte den einen oder anderen Gockel in den Rausch, ein Star oder Held zu sein. Das war bei unserer Abteilung doch etwas anders. Wir hatten schon Jahre gehabt, da war die Mannschaft ganz alleine auf sich gestellt.

So war es dann auch nicht verwunderlich, dass, wenn mal Zuschauer mitreisten, diese auch überschwänglich begrüßt und betreut wurden. Dieser Umstand brachte uns in einem Jahr leider um unseren verdienten sportlichen Erfolg. Folgendes trug sich zu:

An einem herrlichen Sommertag im Juni, das Jahr weiß ich aufgrund psychologischer Verdrängungsmechanismen nicht mehr genau, fuhr unsere Mannschaft mit hochgesteckten Zielen zur Wettkampfarena.

Irgendwie hatten wir uns für das heutige Turnier viel vorgenommen. In der Sportarena angekommen, ging unser Mannschaftskapitän als erstes sofort seiner wichtigsten Aufgabe nach. Er meldete uns bei der Turnierleitung an und holte für alle beteiligten Stamm– und Ersatzspieler die Essensgutscheine ab. Das klappte noch ohne irgendein Malheur. Das Schnitzel war gesichert, jetzt musste nur noch der sportliche Erfolg her. Gemütlich zogen wir uns um und organisierten einen Ball, um uns ein bisschen einzuspielen. Meine Position war wie in allen Jahren die wichtigste - die des Torwarts. Wie gewohnt erntete ich im Vorfeld schon komische Blicke der Konkurrenz. Das mag zum einen daran gelegen haben, dass mein Trikot die Farbe eines Kartoffelkäfers hatte oder aber weil mein Sportartikelausrüster für Torwarthandschuhe eine Baumarktkette ist. Das Trikot ist sicherlich schon älter als ich. Als ich vor gut 40 Jahren in meinem Heimatverein in der D-Jugend Fußball spielte, habe ich es geschenkt bekommen. Es war schon damals ein ausgemustertes Trikot aus dem Aktivenbereich. Seinerzeit war es mir zwar noch etwas zu groß, doch im Rahmen der normalen Gewichtszunahme im Alter wuchs ich sehr schnell hinein. Bei den Torwarthandschuhen hatte in den vergangenen Jahren die Erkenntnis gewonnen, dass mit Baumarkthandschuhen die Fehlerquote des Torwarts auch nicht höher ist als beim Gebrauch von teuren Dingern aus dem Sportgeschäft.

Doch zurück zum Turnier. Nach kurzer Zeit kam unser Kapitän auf uns zu und erklärte, dass wir gleich im ersten Durchgang auf Platz eins zum Einsatz kämen. Spielbeginn sei in zehn Minuten. Wir packten unsere Sachen zusammen und begaben uns, den hohen Temperaturen angemessen, gemächlich in Richtung des Platzes eins. Unterwegs lief ich zufälligerweise an einer Abteilungskollegin vorbei (Name dem Autor bekannt) und erklärte dieser, wann und wo unser nächster Einsatz wäre, worauf sie sich gerne mit uns in Richtung unserer ersten Spielstätte aufmachte.

Mit halbem Ohr hörte ich noch wie die Paarungen der einzelnen Spielplätze vom Stadionsprecher aufgerufen wurden. Gemütlich begab ich mich in Begleitung unserer Kollegin an der Torauslinie entlang in Richtung meines Kastens, welchen ich heute sauber halten wollte. Am Tor angekommen, verharrte ich am Torpfosten, und sprach noch ein paar nette Worte mit ihr, als ich vor mir auf dem Spielfeld lautes Geschrei und Stimmengewirr hörte, was etwas weiter entfernt in Jubel überging. Was war geschehen? Ich hatte in unserem nichts sagenden Gespräch zwischen der Kollegin und mir einfach den Anpfiff der Turnierleitung überhört. Unser gegnerisches Team hatte den Anstoß gehabt und die ausführenden Spieler haben wohl bemerkt, dass da ein Kartoffelkäfer neben dem Tor steht und emotional noch nicht ganz im Spiel anwesend ist. Sie haben sofort nach dem Anstoß von der Mittellinie auf unser Tor geschossen. Aus den Augenwinkeln habe ich noch wahrgenommen, dass da etwas in meinem Kasten einschlug.

Was für ein Debakel war da geschehen? Meine Mannschaftskameraden waren sogleich etwas angesäuert. Sollte ich sie um ihren sportlichen Erfolg gebracht haben? Sicherlich waren sie auch etwas wegen meines aufmunternden Spruches erbost:

>>Macht nix. Müsst ihr halt einfach eins mehr schießen.<< Was soll ich sagen? Wir haben dieses Spiel 0 : 1 verloren und sind dann letztendlich in der Vorrunde ausgeschieden. Gott sei Dank ist dies kein Krimi, denn sonst müsste ich hier auch noch die Frage klären, ob unsere Kollegin nicht vom Gegner bestochen worden war. Beim nächsten Mal, im nächsten Jahr, haben wir es gar nicht so weit kommen lassen. Wir haben besagter Kollegin einen Eisbecher spendiert, welchen sie auf der Terrasse des Vereinslokals genießen konnte – weit weg vom Spielgeschehen.

An dieser Stelle nochmals herzlichen Dank allerliebste Kollegin für deine Unterstützung.

Kapitel 9

Ordnung ist das halbe Leben

Ich sage immer, dass man am Zustand eines Büros oder Schreibtisches den Charakter eines Menschen erkennen kann. Der Schreibtisch ist das Spiegelbild der Seele.

Meiner Meinung nach stimmt auch irgendetwas nicht, wenn Leute abends heimgehen, und ihr Schreibtisch sieht wie geleckt aus.

Ich hatte schon immer das Problem, dass sich bei mir binnen kürzester Zeit tonnenweise Papier auf dem Schreibtisch sowie aller möglichen Ablageflächen im Büro stapelten.

Der Mensch ist halt mal seit jeher ein Jäger und Sammler. Vielleicht liegt es aber auch einfach nur daran, dass ich eventuell mehr arbeite als die anderen???? Kleiner Scherz!

In Spitzenzeiten war es teilweise so, dass sich auf meiner Schreibtischoberfläche die Papierberge so hoch, und somit auch instabil, türmten, dass ich keine Möglichkeit mehr hatte, dort noch etwas zu schreiben. Für diesen Fall musste ich mir einen zweiten Stuhl heranziehen, auf dem dann ein Block oder die entsprechende Unterlage lag. Stark nach vorn gebeugt saß ich dann da und schrieb meine geistigen

Ergüsse nieder. Der Qualität meiner Niederschriften hat diese Sitzhaltung übrigens nicht geschadet.

Wie bereits im Kapitel „Der Krautkopf" beschrieben, war mal ein Statiker bei mir im Büro, um zu kontrollieren, ob die Belastung des Zimmerbodens auch nicht zu hoch war. Es stapelten sich Listen bis fast an die Decke, wobei sich zum Teil die einzelnen Stapel gegenseitig stützen mussten.

Nach mittlerweile dreiunddreißig Jahren Dienstzugehörigkeit habe ich, als Folge dauernder Umstrukturierungen in unserem Unternehmen, auch mehrere Umzüge innerhalb der Firma hinter mir. Aber irgendwie hat mich diese Charaktereigenschaft des Stapelbaus bis heute nicht verlassen. Immer wieder haben sich Kolleginnen und Kollegen gewundert, wie man in solch einem Chaos überleben kann. Es ist sogar schon vorgekommen, dass Kollegen, welche im Büro Besuch von ihrer Familie hatten, extra mit diesem mein Büro besichtigt haben. Schließlich sollte ja jeder sehen, dass so etwas möglich ist. Grosse Firmen haben ja vielleicht auch, was die Vielfalt angeht, einiges zu bieten.

Wie es auch nicht anders sein kann, gibt es auch hier eine kleine Geschichte, die mir und anderen bis heute noch ab und an Gesprächsstoff liefert.

Früher war es in unserem Fachbereich üblich, dass um die Weihnachtszeit entweder der Fachbereichsleiter oder das entsprechende Vorstandsmitglied durch die Büros wandelten, um ein frohes Fest und einen guten Rutsch zu wünschen. Von einigen wurden diese Besuche regelrecht herbeigesehnt, anderen war es egal und wieder andere versuchten just zu dieser Zeit woanders eine Besprechung zu organisieren.

Egal wie man es machte, wenn man in den Genuss dieses Besuches kam, war es auf jeden Fall eine Abwechslung.

Begeben wir uns ein paar Jährchen zurück. Um die Weihnachtszeit Anfang der neunziger Jahre. Zusammen mit ein paar anderen Kollegen war ich in einem Büro um die Ecke und fachsimpelte über Gott und die Welt, als auf einmal die Tür aufging und unser, für das Ressort zuständige, Boss das Büro betrat. Irgendwie hatten diese Besuche immer die Folge, dass die Stimmung schlagartig recht nüchtern und künstlich wurde. Nach kurzem Smalltalk in kleiner Runde wünschte er uns frohe Weihnachten und setzte seine Runde fort. Ich begab mich flugs in mein Büro, da die Diskussion mit den Kollegen sowieso beendet war.

Ich saß vielleicht zehn Minuten in meinem eigenen Büro – ein Einzelzimmer – als unser Oberboss vorbeilief. Er blickte kurz durch die offene Türe, erkannte mich und wollte weiterlaufen – denn er hatte mir ja bereits vorher schon ein frohes Fest gewünscht. Warum habe ich nicht einfach meine Klappe gehalten? Stattdessen rief ich ihm zu:

>>Das hier ist jetzt mein Büro.<<

So ein Schwachsinn, als ob den mein Büro interessieren würde. Welch großer Irrtum meinerseits war das doch. Er hielt kurz inne, schaute ins Büro und meinte leicht angesäuert:

>>Wie sieht's denn hier aus? Das gibt's doch gar nicht.<< Mit diesem netten Satz hatte ich jetzt eigentlich nicht direkt gerechnet.

>>Wir predigen hier im Hause überall das papierarme Büro – und dann so was<< setzte er noch einen drauf.

>>Ich glaube, ich muss hier meiner IT mal den Auftrag geben, solche eklatanten Missstände abzuschaffen<< war der nächste freundliche Satz, der bei mir keine vorweihnachtliche Stimmung aufkommen lassen wollte. Während er dies sagte, ging er einen halben Schritt rückwärts und beugte sich kurz aus dem Büro raus und verinnerlichte sich mein Namensschild.

Die Hoffnung, dass er jetzt endlich das Weite suchen würde, zerschlug sich leider abrupt. Mit einem Rundblick durchschweifte er mein Büro, was seiner schlechten Laune nur noch weiter Nahrung gab. Beim Anblick ganzer Listenstapel auf meinen Mauserschränken, mögen es dreißig gewesen sein - ich weiß es heute nicht mehr genau, war wohl seine letzte gute Laune verflogen und er pflaumte mich an:

>>Was sind denn das für Listen?<<

>>Das sind die Testausgaben meiner Programme, die brauche ich<< war mein kümmerlicher Erklärungsversuch.

>>Die können Sie doch unmöglich alle anschauen<< konterte er geschickt. Da hatte er natürlich Recht. Aber mit so einer Aussage spielte er mir einen Direktpass zu. Da hatte ich die passende Antwort – so dachte ich zumindest.

>>Wir testen hier eh nur stichprobenweise – aber dafür gründlich.<< Komisch, schon während ich dies sagte, kamen mir Zweifel an der taktischen Qualität meiner Aussage auf. Dies bestätigte leider auch sein Gesichtsausdruck. Nochmals warf er einen Blick auf das Namensschild meines Büros und ging wortlos von dannen.

Jetzt galt es, eventuellen Nachfragen der Zwischenhierarchie geschickt zu trotzen. Mein erster Weg führte mich zu meinem Referatsleiter. Dem erklärte ich, was gerade wie abgelaufen war. Er beruhigte mich und meinte nur:

>>Das ist kein Problem. Wenn da was von oben kommen sollte, sage ich einfach, dass dies ihr Arbeitsstil wäre, dann ist die Sache gegessen.<<

Wer weiß, wie gut es war, dass wir hier nicht argumentieren mussten. Auf jeden Fall bekam ich keine Reaktion von oben mit.

Kapitel 10

Das Bundeswehrfest

Als ich noch jung war, war es üblich, dass alle jungen Männer zum Wehrdienst eingezogen wurden, bzw. einen Ersatzdienst ableisten mussten.

Auch ich hatte damit gerechnet, dass ich irgendwann, nach erfolgreich abgelegter Musterung, meinen Wehrdienst abzuleisten hätte.

Wie aber so oft im Leben, kam auch hier alles anders, als geplant. Bei der Musterung wurde mir mitgeteilt, dass ich aufgrund einer hängenden rechten Schulter vorübergehend nicht wehrtauglich sei. Ich wurde somit für 18 Monate zurückgestellt, da ich zum Dienst an der Waffe, sprich für die Abwehr der Feinde unseres Landes, momentan nicht geeignet sei. Dabei hatte ich doch schon im Vorfeld, über Beziehungen, die Fäden für eine heimatnahe Versetzung nach der Grundausbildung gesponnen. Und jetzt dieses Ergebnis.

Die Jahre gingen ins Land und ich hörte weiter nichts mehr von der Bundeswehr. Bis eines Tages ein Schreiben vom Kreiswehrersatzamt, bzgl. einer Nachmusterung, bei mir zu Hause im Briefkasten landete. Mittlerweile war ich 25 Jahre alt und hatte nicht mehr im Entferntesten damit gerechnet, noch zu diesem Trachtenclub gehen zu müssen. Bei dieser

Nachmusterung wurden alle Delinquenten so gut wie gar nicht untersucht und rundum für tauglich erklärt. Mit einer einzigen Ausnahme - aber bei dessen Anblick kam einem das jämmerliche Grausen. Der arme Kerl muss irgendwo aus einer Intensivstation abberufen worden sein. Ihm allein war es gestattet, nochmals zu einem Arzt gehen zu dürfen.

Die ganze Einberufungsphilosophie war seinerzeit ein echter Treppenwitz – leider kein sehr guter. Erst einem brutal sagen:

>>Wir brauchen Dich nicht – Du bist nicht gesund genug.<<

Und dann später, ohne Untersuchung, einfach das Gegenteil behaupten, zumal ich in der Zwischenzeit wegen diverser Probleme mit meinen Kniescheiben in ärztlicher Behandlung war.

Die Übermittlung des Nachmusterungsergebnisses erfolgte dann in einem wohl extra dafür präparierten Raum, von dem mir noch in Erinnerung ist, dass hinter dem Tribunal der Ergebnisverkünder eine überdimensionale Deutschlandflagge hing. Als erstes wurde ich mal angepflaumt, warum ich mich damals, nach Ablauf der Rückstellungszeit von 18 Monaten, nicht gemeldet und um Nachmusterung gebeten hätte. Ich hatte den Eindruck, die drei Herren waren etwas angesäuert, ja ich möchte sogar behaupten, sie nahmen es irgendwie persönlich, dass ich ihrem Wunsch nicht gefolgt war. Kurz und knapp teilte mir der Mittlere der drei Herren mit: >> Sie sind tauglich mit dem Tauglichkeitsgrad III und müssen in Kürze mit Ihrer Einberufung rechnen. <<, und ihr Gesichtsausdruck sprach weitere Bände. Ich konnte die Botschaft: >>Uns entkommt keiner<< aus ihren verdüsterten, bürokratischen Gesichtern lesen. Woraufhin ich mich nur erkundigte:

>>Was für Möglichkeiten des Einspruchs gegen dieses Ergebnis habe ich?<<

Man erklärte mir, dass mir als erstes der Weg eines formellen Einspruches blieb, und als weiteres wäre dann der Klageweg zu beschreiten.

Ich möge mich aber beeilen, denn ich müsse ja, wie bereits erwähnt, in Kürze mit meiner Einberufung rechnen.

Ziemlich deprimiert zog ich von dannen. Eines war mir jedoch sofort klar. Von solchen Funktionären, mit ihren zweifelhaften Methoden, wollte ich mich nicht unterkriegen lassen. Solch ein Vorgehen bei der Rekrutierung von Soldaten hätte ich eher einem Regime in Südamerika zugetraut.

Da die Zeit drängte, führte mich mein Weg in den Folgetagen zu einem, auf solche Fälle spezialisierten Anwalt, um mich gegen den drohenden Einberufungsbescheid zu wehren. Ich hatte gerade innerhalb der Firma eine neue innerbetriebliche Weiterbildung hinter mir, und wollte nicht aus meiner neuen Abteilung herausgerissen werden. Es ist ja nicht so, dass ich nicht generell zum Bund gegangen wäre, allerdings zur rechten Zeit – nämlich damals nach der Erstmusterung kurz nach meiner Lehrzeit.

Der Anwalt, in dessen Bücherwand ebenso viele Bücher über Knochen und Krankheiten, wie zu Rechtsthemen standen, machte mir bei meinem Vorhaben nicht gerade die größte Hoffnung auf Erfolg – aber aussichtslos sei nichts. Er legte unmittelbar für mich den Einspruch ein, welcher allerdings, wie erwartet, abgelehnt wurde.

Also blieb mir nur noch der letzte Weg des Widerstands – eine Klage gegen die Bundesrepublik Deutschland. Diese wurde von meinem Anwalt dann auch fristgerecht beim Verwaltungsgericht eingereicht. In meiner Firma war man natürlich über das mir drohende Unheil informiert, zumindest das direkte Umfeld wusste ausführlich Bescheid. In meiner Großzügigkeit ließ ich mich im Kollegenkreis zu folgendem Spruch hinreißen: »Wenn ich diesen Prozess gewinne, gibt es ein Riesen-Bundeswehrfest. Dann miete ich neben einer Kaserne eine Wiese mit Schiessstand usw.« Gerne nahmen die Kollegen dies auf, denn schließlich kommt ein Fest immer gut an.

Was dann kam, war ein nervlicher Spießrutenlauf, wie ich ihn den wenigsten Menschen wünsche. Da die Klage gegen die Bundesrepublik Deutschland keine aufschiebende Wirkung bzgl. einer Einberufung hatte, musste ich täglich mit dieser rechnen. Mein Anwalt meinte bei unseren Gesprächen stets ganz ruhig, dass ich aber, so seine Erfahrungen, damit nicht rechnen müsse. Sollte ich allerdings den Prozess verlieren und dann eingezogen werden, wäre das ein bisschen Käse. Da soll es doch Vorgesetzte beim Bund geben, die nehmen ein paar Dinge ganz persönlich. Jedesmal, wenn ich Post vom Anwalt bekam, waren es in der Regel relativ dicke Umschläge. Mit zittrigen Fingern öffnete ich diese Post, begleitet von der Angst, dass eine Fahrkarte herausfallen könnte. Dabei war es immer nur ein Satz Kopien vom letzten Schriftwechsel mit den Behörden. Manchmal war auch noch die Bitte nach einem neuen Attest enthalten. Und damit ein Attest auch das nötige Gewicht bekäme, wäre es auch wichtig, welcher Arzt dieses letztendlich ausstellt. So führte mich einer meiner Arztbesuche schließlich zu einem ehemaligen Bundeswehrarzt. Der begrüßte mich gleich mit den Worten:

>>Vor dem Bund drücken, das gibt's bei mir nicht.<<

Sein Attest war dann auch entsprechend formuliert.

So zog sich mein Kampf gegen die drohende Einberufung immer nach der gleichen Prozedur über zwei Jahre hin. Kurz vor meinem 28. Geburtstag wurde es dann doch nochmals ernst für mich. Eine erste schriftliche Verhandlung vor dem Verwaltungsgericht hatte ich bereits verloren. Jetzt sollte eine weitere mündliche Verhandlung vor dieser Kammer folgen. So kurz vor Torschluss noch einen

Treffer kassieren – das wäre bitter. Diese Erfahrung kannte ich bisher nur vom Sport.

Und immer wieder wiederholte ich im Geschäft mein Versprechen von dem großen Fest, welches ich im Falle eines Sieges ausrichten würde. Die Zahl der Festbesucher war mittlerweile ins Unüberschaubare gestiegen. Jeder der davon hörte, fühlte sich automatisch in den Kreis der Gäste aufgenommen.

Der Kunst meines Anwaltes ist es gelungen, den kurz vor meinem 28. Geburtstag angesetzten Termin der Verhandlung zu canceln, in dem er, aufgrund dringender Gründe, um eine Verschiebung der Verhandlung bat.

Tatsächlich – das Unglaubliche passierte wirklich. Nie im Leben hätte ich mit diesem Ergebnis gerechnet. Circa 10 Tage vor meinem 28. Geburtstag, kam ein Schreiben des Verwaltungsgerichtes, in dem ein neuer Verhandlungstermin festgesetzt war. Und dieser war drei Wochen nach meinem Geburtstag. Dieses Datum las ich bestimmt hundertmal. Ich musste quasi nur noch die paar Tage bis zu meinem Geburtstag überstehen, dann war es geschafft. Am 28. Mai teilte mein Anwalt dem Verwaltungsgericht mit, dass ja wohl jetzt die Frist für eine Einberufung von mir vorbei sei, und somit auch die Verhandlung keinen Sinn mehr machen würde. Wir möchten gerne darauf verzichten, und die Kosten der ganzen Prozedur möge doch bitte der Staat tragen.

Ich glaube, ich habe an dem Tag mindestens dreimal den Anwalt angerufen und gefragt, ob wirklich nichts mehr passieren könne. Er war am Ende doch etwas genervt, aber er wusste ja, dass für ihn die Sache jetzt auch überstanden war.

Normalerweise hätte ich mir am nächsten Tag, meinem 28. Geburtstag, einen ordentlichen Rausch antrinken müssen, aber irgendwie hatte mich das Ganze doch sehr belastet. Ich konnte mich überhaupt nicht so richtig freuen. Erst jetzt, da mir wahrlich nicht nach feiern zumute hätte sein müssen, bemerkte ich, wie sehr mich die ganze Sache doch mitgenommen hatte.

Gefreut haben sich aber alle Kolleginnen und Kollegen, die mich sogleich danach an das ausstehende Fest erinnerten. Hoch und heilig hatte ich versprochen, das Fest zeitnah zu organisieren. Na ja – aufgrund bestimmter terminlicher Probleme organisiere ich im Übrigen immer noch. Dass das Fest nicht gleich stattfand, hatte aber noch diverse andere Gründe. Bevor ich auf diese eingehe, möchte ich noch erwähnen, dass die Reaktion des Verwaltungsgerichtes auf das Schreiben meines Anwaltes alles andere als lustig war. Man betonte, dass ich aller Voraussicht nach die Verhandlung verloren hätte. Aus dieser Annahme heraus entstand die Entscheidung, dass ich die Kosten zu tragen hätte. Dies wäre ein unanfechtbarer Beschluss. Unterschrieben haben diesen Beschluss drei Richter des Verwaltungsgerichtes. Ja, liebe Leute vom Gericht, Termine sollte man schon halten – sonst geht man leer aus.

Ich habe dann noch einmal zu einem abschließenden Gespräch meinen Anwalt aufgesucht. Zum einen dankte ich ihm nochmals für seine Bemühungen, zum anderen erklärte ich ihm, dass mich der ganze Prozess, der sich über zwei Jahre hingezogen hatte, doch seelisch sehr belastet hatte. Ob es da nicht möglich wäre, die Bundesrepublik Deutschland auf Schmerzensgeld zu verklagen. Er meinte da nur lapidar: »Möglich schon, aber nicht mit mir.« Dabei tippte er kurz mit seinem Zeigefinger auf seine Stirn und lächelte etwas.

Seit dieser Zeit lässt mich dieses Fest, welches ich vollmundig angekündigt hatte, nicht mehr in Ruhe. Alle Nase lang werde ich gefragt, wann denn endlich das Fest stattfinden würde. Keiner kann verstehen, dass so etwas, dem Anlass angemessen, gut organisiert werden muss. Ich hatte einmal, so um 1999 muss das gewesen sein, extra für dieses Fest zu Weihnachten ein kaltes Büffet bestellt, was mir bis heute keiner geglaubt hat. Ich hatte alle an Heiligabend zu mir eingeladen.

Allerdings ist niemand erschienen. Das Beweisphoto, welches ich davon gemacht hatte, ist irgendwie beim Entwickeln verloren gegangen. Somit glaubt mir dies bis heute keiner. Somit nochmals für alle:

Ich plane das Fest noch. Versprochen!!!!

Kapitel 11

Der Funkausfall

Das folgende Erlebnis reiht sich nahtlos in die Ereignisse ein, die mir bis heute in bleibender Erinnerung geblieben sind.

Als Inhaber einer PPL-A-Lizenz, bin ich regelmäßig vom Stuttgarter Flughafen zu meinen, mehr oder weniger langen Flügen gestartet und dort natürlich auch wieder gelandet. Dabei beschränkten sich diese Flüge hauptsächlich auf Kurztrips im süddeutschen Raum, bzw. mal eben kurz ums Eck rum - hin zur nächsten Sehenswürdigkeit - und dann wieder zurück.

Etwas abfällig werden Piloten, deren Flugrepertoire hauptsächlich aus solchen Flügen besteht, von den etwas besser gestellten Aeronauten als Kirchturmflieger bezeichnet. Nach dem Motto, einmal abends zur Burg Hohenzollern und wieder heim.

Eines Tages, es war mal wieder an der Zeit, rechtzeitig die fehlenden Flugstunden für die anstehende Lizenzverlängerung zusammenzufliegen, bin ich abends nach Büroschluss noch kurz auf ein Stündchen in die Luft gegangen. Bei wunderbarem Wetter startete ich in östlicher Richtung, mit dem Ziel in Augsburg einen kurzen Zwischenstopp einzulegen und dann wieder zurück nach Stuttgart zu fliegen.

Vom Zeitrahmen würde dies, um Stuttgart noch zur Tageszeit wieder zu erreichen, locker reichen. Man muss wissen, dass ich keine Nachtflugberechtigung hatte und nur bis 30 Minuten nach Sonnenuntergang fliegen durfte.

Alles verlief anfangs wie geplant. Der Aufenthalt in Augsburg ließ zeitlich eine Tasse Kaffee und ein kleines Vesper zu, bevor ich mich wieder auf den Rückflug machte.

Rechtzeitig vor Sonnenuntergang erreichte ich, von Nordosten her anfliegend, die Kontrollzone des Stuttgarter Flughafens. Wie schon unzählige Male vorher, meldete ich mich beim Tower und erhielt die Einfluggenehmigung in die Kontrollzone.

Auf Höhe des Fernsehturms wurde ich erwartungsgemäß aufgefordert, die Frequenz zu wechseln.

Ich bestätigte dies, man sagte »Schönen Abend noch« und ich stellte die neue Frequenz ein. Bis jetzt verlief alles nach dem vorgeschriebenen, eingespielten Prozedere. Dann rief ich den anderen Lotsen auf der neuen Frequenz - allerdings tat sich nichts. Ich probierte es nochmals, und nach einem weiteren Fehlversuch, abermals. Nichts – tote Hose aus dem Funkgerät.

»Schöne Scheiße«, dachte ich. Na ja, geh ich halt wieder auf die alte Frequenz zurück und melde mich dort einfach nochmals. Doch dieser Versuch hatte den gleichen Erfolg – ich hörte nichts und man konnte auch nichts von mir hören. Später hat mir dann der Tower bestätigt, dass man dort durchaus auch nervös geworden sei. Das traf allerdings auf mich ebenfalls zu.

Mein erster Funkausfall war da, und das noch innerhalb der Kontrollzone, aus der ich ohne Genehmigung nicht einfach wieder herausfliegen durfte. Ich war gezwungen, falls keine besonderen Notfallumstände eintrafen, in Stuttgart zu landen. Angst hatte ich keine, aber ich habe mir nur gedacht:

>>Warum immer ich? Warum passiert nur mir das?<< Aber vielleicht funktioniert ja das blöde Gerät bald wieder. Langsam kramte ich mit einer Hand hinten aus dem Koffer meine Aufzeichnungen für die Notfalllichtsignale, falls der Tower mir mittels Lichtzeichen Anweisungen geben würde. Da es mittlerweile zu dämmern begann, waren am Flughafen jede Menge roter und grüner, sowie blinkender Lichter in Aktion. Welches Signal war da eventuell für mich bestimmt?

Da ich es nicht eindeutig identifizieren konnte, drehte ich einfach ein paar Kreise nördlich vom Platz. Immer wieder setzte ich erfolglos weitere Funksprüche ab. An den Notfallcode per Transponder dachte ich zu diesem Zeitpunkt nicht. Das hätte im Tower etwas die Luft aus der ganzen Situation herausgenommen. Durch dieses ganze Tohuwabohu war ich natürlich mittlerweile zu schnell und auch viel zu hoch für eine stressfreie Landung. Ich hatte meine ganze Aufmerksamkeit dem Funkgerät und

100

nicht meinem momentanen Flugzustand gewidmet. Auf diese Weise kreiste ich sicherlich noch zehn Minuten ohne sichtlichen Plan im Kopf. Mir war klar, dass ich irgendwann runter musste. Das Blöde ist halt, dass man im Falle eines kompletten Funkausfalls auch nicht weiß, wer sich gerade im Anflug befindet – denn man hört ja nichts. Eine Knutscherei mit einem Airliner wollte ich auf jeden Fall vermeiden.

Dem Tower war dies auch klar. Da die Lotsen nicht wussten, was der Chaot da oben jetzt macht, haben sie den Anflug auf den Stuttgarter Flughafen kurzerhand aufgelöst und ein paar Maschinen umgeleitet, bzw. auf eine größere Runde geschickt. Der Flughafen wurde letztendlich für 15 Minuten komplett gesperrt. Keiner durfte mehr rein, keiner durfte mehr raus. Das ist sicherlich kein Erfolg versprechender Weg, um neue Freunde zu gewinnen.

Mittlerweile war es noch ein bisschen dunkler geworden und ich wollte mich schon zu einer nicht genehmigten Landung entschließen, als auf einmal neben mir eine kleine Maschine mit einer Besatzung von zwei Piloten auftauchte und mir durch wackeln mit den Tragflächen zu verstehen gab, dass ich ihnen folgen solle. Mir fiel ein Stein vom Herzen, meine gefühlte Erleichterung kann ich bis heute eigentlich gar nicht in Worte fassen. Bei den beiden handelte es sich um einen Fluglehrer mit Schüler, für den dies sogleich eine praktische Übung einer Notsituation war. Die folgende Landung war dann kein Problem mehr. Als wir beide unsere Flieger abgestellt hatten, bin ich erstmal auf Dankestour gegangen – mit doch leicht wackeligen Knien. Der Lotse, mit dem ich später telefonierte, schwankte in seinen Gefühlen zwischen Erleichterung und Cholerik, aber Vorwürfe wurden mir von keiner Seite aus gemacht. Dieses Erlebnis habe ich bis heute nicht vergessen. Ich will mir gar nicht ausmalen, was alles hätte passieren können. Aber Fliegen ist trotz alledem eine tolle Sache …

Kapitel 12

Fußball ist unser Leben

Gehen wir zurück in das Jahr 1988. Deutschland war wieder mal im Fußballfieber, denn in diesem Jahr fand in Deutschland die Europameisterschaft statt. Dieses sportliche Großereignis hatte schon damals zur Folge, dass alle anderen Sportveranstaltungen in den Medien in den Hintergrund gerückt wurden, bzw. einfach nicht stattfanden.

An allen Austragungsorten war der Run auf Karten, wie nicht anders zu erwarten war, recht groß. Auch ich wollte unbedingt ein Spiel im Stuttgarter Neckarstadion besuchen und bemühte mich um eine Eintrittskarte für ein Spiel. Dabei war mir eigentlich egal, um welches Spiel es sich hierbei handeln sollte. Hauptsache dabei sein, so lautete die Devise. Es fanden sich noch drei Arbeitskollegen, die das gleiche Interesse wie ich hatten, und gerne mitgehen wollten. Zusammen gingen wir dieses Unterfangen an und ergatterten doch tatsächlich vier Karten für ein Spiel der Zwischenrunde. Ich muss allerdings gestehen, dass der Bezug von Eintrittskarten weniger spektakulär war als bei der Weltmeisterschaft 2006. Die Partie Italien gegen Russland versprach ein echter Fußballleckerbissen zu werden – und wir sollten live dabei sein.

Unsere vier Stehplätze waren in einem Block, den man getrost als Italienerblock bezeichnen konnte.

Schon vor dem Spiel war im ganzen Stadion lautstark zu vernehmen, welche Mannschaft hier ein Heimspiel hatte, und welche nicht. Außerdem war für alle anderen um uns herum – auch für meine drei Begleiter – klar, dass Italien das Spiel locker gewinnen würde. Es war nur eine Frage der Höhe des Torverhältnisses. Ich war mir dessen nicht so sicher und machte aus meiner Meinung auch kein Geheimnis. Was wahr ist, darf auch gesagt werden.

Es entwickelte sich ein rasantes Spiel, in dem sich beide Mannschaften in nichts nachstanden. Technisch allerdings war, wie ich vorhergesagt hatte, das russische Team dem italienischen weit überlegen. Das störte aber die Tausenden von Tifosi nicht im Geringsten. Lauthals feuerten sie ihr Nationalteam an. Und stets war das Stadion in ein grün-weiß-rotes Fahnenmeer gehüllt.

Aber die Euphorie bekam, wie wiederum von mir hervorgesagt, schon bald einen ersten kleinen Dämpfer. Das russische Team schoss das 1 : 0 – und das durchaus verdient. Anfangs, sichtlich geschockt, wurden die italienischen Fans im Stadion etwas ruhiger und die Zahl ihrer geschwenkten Fahnen nahm deutlich ab. Was allerdings nur von kurzer Dauer sein sollte. Vehement, und um so lauter, wurde das Team vom Stiefel regelrecht nach vorne gepeitscht. Und es kam, wie abermals von mir prophezeit, was kommen musste, die Russen schossen das 2 : 0. Und das auch noch kurz vor Spielende. Das dürfte es dann wohl gewesen sein. Das Stadion, speziell unser Block, war vor Entsetzen wie gelähmt und es war in unserem Block mucksmäuschenstill. Ich nutzte diese Ruhe um meine Kollegen zu fragen:

>>Sieht von Euch noch irgendeiner irgendwo eine grün-weiß-rote Fahne, hähähä?<<

Das hätte ich mal lieber nicht getan. Spontan fuchtelte ein erboster Tifosi, der schräg links hinter mir stand, mir mit seiner Fahne im Gesicht herum. Da kamen mir erste Zweifel, ob meine Frage vielleicht doch etwas vorlaut gewesen sein könnte, nicht dass es jetzt noch eventuell eine kleine Rauferei geben würde. Das wollte ich natürlich nicht. Aber wir waren ja schließlich zu viert, das schreckt die anderen hoffentlich von derartigen Reaktionen ab. Ich schaute nach rechts und links, um mit meinen Kollegen Blickkontakt aufzunehmen. Aber wo waren die? Die hatten sich flugs etwas von mir abgesondert. Erst nach längerem Suchen erspähte ich sie in sicherer Entfernung. Passiert ist aber letztendlich nichts. Die Tifosi blieben friedlich, was ich übrigens toll fand. Vor allem ist es toll, einfach ein ganz beruhigendes Gefühl, wenn man sich auf wahre Freunde verlassen kann. Nicht wahr – liebe Kollegen?

Kapitel 13

Die Angelprüfung

Es gibt Erlebnisse, die sind einfach nur peinlich und doch irgendwie amüsant zugleich. Da ich schon seit frühester Jugend ein begeisterter Angler bin, hatte ich mich entschlossen, Anfang der Neunzigerjahre meine Begabung in diesem Freizeitsport zu legitimieren, und eine Angelprüfung mit Lizenz abzulegen. Mein Ziel war, bei bestandener Prüfung mir einen Fischereischein für den Neckar zuzulegen und die Strecke zwischen Altbach und Esslingen leer zu fischen. Mit zwei Kumpels ging ich dieses Vorhaben dann auch an. Wir besorgten uns für die Prüfungsvorbereitung den Katalog mit allen möglichen, bei der Prüfung vorkommenden, Fragen.

Getrennt bereiteten wir uns dann auf diese bevorstehende Prüfung vor. Das war ja kein Problem, denn bis zum nächsten möglichen Prüfungstermin war es ja noch gut ein halbes Jahr hin. Aber bei jungen, berufstätigen Leuten ist das so eine Sache. Die Zeit zum Lernen muss man sich nehmen, bzw. nehmen wollen. Auf jeden Fall hatten wir alle drei kurz vor der Prüfung noch leichte theoretische Defizite.

Irgendwie haben wir es dann doch geschafft, uns ein Grundwissen anzueignen, um die Prüfung wenigstens locker angehen zu können.

Und dann war er gekommen – unser Prüfungstermin. Wir erhielten jeder eine Einladung, in der stand, dass wir uns an einem bestimmten Freitagnachmittag in einem Esslinger Vorort in der Festhalle einzufinden hatten. Gemeinsam fuhren wir dort hin. Im Auto tauschten wir uns nochmals über ein paar vermeintlich wichtige Punkte bei der Prüfung aus.

Wir waren uns einig, dass wir über ein breites Wissen verfügten, und die Prüfung mit links machen würden.

Vor der Halle angekommen dachte ich, es wäre eine neue Völkerwanderung ausgebrochen. Der ganze Landkreis wollte wohl heute seine Fischereiprüfung ablegen. Dabei war dies nur ein Teil der Prüflinge, die heute ihr Fischereizeugnis erlangen wollten. Irgendwie muss mir da im Vorfeld ein Schreiben abhanden gekommen sein, in dem stand, dass aufgrund der großen Teilnehmerzahl, ein Teil der Teilnehmer die Fischereiprüfung in Esslingen im Landratsamt abzulegen hatte. Und zwar betraf es alle Prüfungsteilnehmer, beginnend mit den Anfangsbuchstaben K – Z des Nachnamens. Prüfungstag und Prüfungsbeginn waren genau gleich wie in Berkheim – es hatte sich lediglich das Prüfungslokal geändert.

Als wir in die Halle gingen, war mir das noch nicht bewusst. Meinen Kumpels konnte es egal sein, da sie aufgrund ihrer Anfangsbuchstaben in dieser Halle ihre Prüfung abzulegen hatten. Wir mussten uns lediglich noch als anwesend registrieren lassen, dann

konnte es losgehen. Als ich mich nach langem Anstehen endlich vorgearbeitet hatte, wurde mir der
neue Sachverhalt mitgeteilt. Ich dachte, »Das fängt ja
gut an.«

Schnell informierte ich meine Kumpels über die
neue Sachlage und eilte zu meinem Auto. In 15 Minuten war schließlich Prüfungsbeginn. Mit den beiden bin ich so verblieben, dass ich unmittelbar nach
Ende der Prüfung wieder hierher zurückfahre und
sie abhole – schließlich sind wir ja gemeinsam mit
meinem Wagen gefahren.

Mit einem Höllentempo bin ich dann Richtung
neuem Prüfungslokal losgebraust. Als ich die Strasse
zum Landratsamt einbog, war ich noch gut in der
Zeit.

Mein Pech war, dass unmittelbar vor dem Landratsamt ein mobiles Radargerät aufgebaut war. Na ja,
was soll ich sagen, für 75,-- DM Bußgeld hat das
Tempo gereicht. Ich habe es noch blitzen sehen und
dachte mir:

»Hoffentlich ist das kein schlechtes Omen?«

So schon nervlich etwas angespannt, hastete ich
zum Prüfungssaal.

Am Eingang meldete ich mich noch als anwesend
an und ließ mir ein paar notwendige Unterlagen
aushändigen, um dann den bereits recht gut gefüll-
ten Prüfungsraum zu betreten. Mein Blick streifte
durch diesen, um einen freien Platz zu ergattern. Ich
fand auch einen, vorne in der zweiten Reihe neben

einem Jugendlichen, der vielleicht höchstens 14 Jahre alt war. Genau weiß ich es natürlich nicht, aber ich dachte, notfalls muss der mich halt abschreiben lassen. Wenn es eng wird, schiebe ich dem einfach einen Fünfer rüber – dann lässt der mich sicher abschreiben. Für mich als Schüler wäre das damals viel Geld gewesen, wobei ich aber schon insgeheim hoffte, dass ich diese Option nicht ziehen müsse, denn schließlich steht man nicht gerne mit erkaufter Lizenz am Neckar.

Dann wurden die Prüfungsbögen ausgeteilt und mit der Prüfung konnte somit pünktlich begonnen werden. Schon die zweite Frage stellte mich vor nicht lösbare Probleme. Von Fischen mit diesen Namen hatte ich ja noch nie gehört. Vorsichtig ging mein Blick nach rechts zu dem bewussten Schüler. Als der dies bemerkte, verdeckte er seine Antwort spontan mit seiner Hand.

Ja, wo sind wir denn? Bei uns hat man sich früher in der Schule kollegialer verhalten. Dieser Rotzbub wollte mich wohl auflaufen lassen! Ich bin ja auch nicht mal in die Nähe gekommen, ein Angebot zu machen. Was ich eigentlich nicht nötig hatte, schließlich hatte ich ja vorher fleißig gelernt. Aber die Antwort konnte ich doch noch abschreiben. Beim Umblättern musste er nämlich seine Hand von der Lösung nehmen. Und diese Chance habe ich genutzt. Ein kurzer Blick reichte mir, um zu erkennen, wo er sein Kreuz gemacht hatte. Alle anderen Fragen habe ich dann ohne fremde Hilfe hinbekommen.

Das Ergebnis sollten wir in einigen Tagen erhalten. Nachdem ich meinen Prüfungsbogen abgegeben hatte, eilte ich flugs nach draußen zu meinem Wagen. Die anderen warteten sicherlich schon in ihrem Prüfungslokal. Also rein ins Auto, und mit Karacho raus aus dem Parkplatz des Landratsamtes und ab in Richtung des Vorortes. Was für ein Pech ich doch wieder hatte. Der mobile Starenkasten wurde zwischenzeitlich einfach auf die andere Straßenseite gestellt. So bin ich vom gleichen Gerät nochmals geblitzt worden. Aber ein bisschen Glück gehört halt doch dazu – diesmal waren es nur 50,-- DM.

Meine Kumpels haben mir dann noch erzählt, wie easy diese Prüfung doch war und so weiter, das typische Blablabla eben.

Nach ein paar Tagen erhielten wir unsere sehnlich erwartenden Prüfungsergebnisse. Wie nicht anders zu erwarten gewesen ist, hatten wir alle drei die Prüfung bestanden.

Eine erfolgreich bestandene Angelprüfung ist natürlich noch kein Garant für eine erfolgreiche Fischereisaison. Waren wir doch in der Folgezeit bei unseren Angelversuchen unterschiedlich erfolgreich. Wie es bei Anglern halt auch üblich, wird dann geprahlt – eben das allseits bekannte, typische Anglerlatein, was eines Tages zur Folge hatte, dass wieder mal eine Wette anstand. Einer meiner Prüfungskumpels war, ebenso wie ich, bei seinen Angelerfolgen leider nicht so erfolgreich wie unser Kumpel Nummer drei. Das wollten wir uns nicht länger gefallen lassen und erklärten Nummer drei quasi den Anglerkrieg. Zwei Teams wurden gebildet. Nummer drei und ein erfahrener Lizenzinhaber bildeten ein Team, sowie wir beide das andere. Eines Samstagmorgens wollten wir unsere Angeln kreuzen und veranstalteten deshalb ein Wettangeln.

An zwei unterschiedlichen Plätzen versuchten beide Teams ihr Glück.

Leider verhinderten zwei Gegebenheiten, dass unser Team die Wette gewinnen konnte.

Zum einen haben die anderen schon tagelang an ihrer Stelle die Fische angefüttert. Im Nachhinein werte ich dies als Respekt und Angst vor unserem Können.

Zum anderen kam wieder einmal grandioses Pech dazu. Mein Teamkollege hatte während des Wettangelns plötzlich einen riesengroßen Brachsen am Haken. Vorsichtig versuchten wir ihn gemeinsam an Land zu ziehen. Das war der Teamsieg für uns! Dessen waren wir uns sicher und frohlockten schon in höchstem Masse.

Er hielt seine Angel in der Hand, während ich seinen nagelneuen Kescher benutzen sollte, den er von seiner Frau geschenkt bekommen hatte. Leider war das Ding nur etwas zu kurz, um den großen Fisch im Wasser zu erreichen. Als ich ihn fragte, ob man den

Griff verlängern, sprich ausfahren könne, zuckte er nur mit den Schultern und sagte: »Weiß ich doch nicht.« Also ging ich halt einfach etwas näher ans Ufer hin, um die fehlende Länge des Keschers auszugleichen.

Der genaue Verlauf der Böschung war aufgrund des Bewuchses durch Gras und Gestrüpp nicht klar erkennbar. Na ja, es kam wie es kommen musste! Ich rutschte aus und plumpste in den Neckar. Bis zur Hüfte stand ich im Wasser und der Fisch war auch noch weg.

Um mir nicht noch eine Erkältung einzufangen, fuhr ich triefend nach Hause und zog mir trockene Sachen an. Ich weiß nicht, was mir mehr gestunken hat, die Tatsache, dass ich patschnass war oder das schallende Gelächter meines Kollegen.

Wieder in trockenen Klamotten fuhr ich zurück zu unserem Angelplatz, wo mir dann mein Teampartner voller Stolz zeigte, wie man den Kescher doch ausfahren konnte. In der Zwischenzeit hatte er das normale Teleskopprinzip des Gerätes verstanden und auch gleich in die Tat umgesetzt.

Das Wettangeln haben wir übrigens nicht gewonnen ...